谨以此书献给我的妻子和小鹿宝贝！

信用政府建构
及治理能力现代化

社会资本视角的考察

Credible Government Construction and Modernization of Governance Capacity: from the Perspective of Social Capital

龙海波 著

中国社会科学出版社

图书在版编目(CIP)数据

信用政府建构及治理能力现代化：社会资本视角的考察/龙海波著.
—北京：中国社会科学出版社，2016.12
ISBN 978-7-5161-8898-9

Ⅰ.①信⋯　Ⅱ.①龙⋯　Ⅲ.①地方政府—信用—研究—中国　Ⅳ.①D625

中国版本图书馆 CIP 数据核字(2016)第 217285 号

出 版 人	赵剑英
选题策划	刘　艳
责任编辑	刘　艳
责任校对	陈　晨
责任印制	戴　宽
出　　版	中国社会科学出版社
社　　址	北京鼓楼西大街甲 158 号
邮　　编	100720
网　　址	http://www.csspw.cn
发 行 部	010-84083685
门 市 部	010-84029450
经　　销	新华书店及其他书店
印刷装订	北京君升印刷有限公司
版　　次	2016 年 12 月第 1 版
印　　次	2016 年 12 月第 1 次印刷
开　　本	710×1000　1/16
印　　张	13.25
字　　数	202 千字
定　　价	50.00 元

凡购买中国社会科学出版社图书，如有质量问题请与本社营销中心联系调换
电话：010-84083683
版权所有　侵权必究

目　录

序一 ··· (1)
序二 ··· (4)

第一章　导论 ··· (1)
第一节　研究背景 ··· (1)
　　一　国际背景 ··· (1)
　　二　国内背景 ··· (2)
第二节　研究意义 ··· (3)
　　一　理论意义 ··· (4)
　　二　现实意义 ··· (4)
第三节　问题的导出 ·· (6)
　　一　研究问题 ··· (6)
　　二　研究切入点 ·· (6)
第四节　基本概念的厘定 ·· (7)
　　一　社会资本 ··· (8)
　　二　政府信用 ··· (10)
第五节　本书基本框架 ··· (12)
　　一　技术路线 ··· (12)
　　二　研究内容 ··· (13)
　　三　研究方法 ··· (16)
第六节　可能的创新点 ··· (16)

·1·

一　理论可能创新点……………………………………（16）
　　二　方法可能创新点……………………………………（17）

第二章　文献综述:研究现状与理论评述……………………（18）
　第一节　信用政府的外生因素:社会资本的渗入…………（18）
　　一　社会资本的理论框架………………………………（18）
　　二　社会资本的变迁路径………………………………（21）
　　三　社会资本的实际测度与分析………………………（23）
　第二节　信用政府的内生因素:政府信用的考量…………（26）
　　一　政府信用的理论基础………………………………（26）
　　二　政府信用的基本现状及表现………………………（28）
　　三　政府信用的影响因素………………………………（29）
　　四　政府信用的实际测度………………………………（31）
　第三节　信用政府建构新视角的宏观回顾…………………（33）
　　一　社会资本与政府信用的关系逻辑…………………（34）
　　二　信用政府建设的对策思考…………………………（35）
　第四节　文献述评……………………………………………（36）

第三章　社会资本与政府信用的关系:信用政府的分析框架…（39）
　第一节　社会资本的嬗变……………………………………（39）
　　一　信任关系:从人际信任到组织信任…………………（40）
　　二　社会网络:从单一网络到复杂网络…………………（42）
　　三　社会规范:从隐性规约到显性制度…………………（45）
　第二节　政府信用的效应……………………………………（47）
　　一　示范效应:政府信用生成的考量……………………（48）
　　二　"蝴蝶效应":政府信用缺失的考量…………………（50）
　第三节　信用政府建构的逻辑………………………………（56）
　　一　信用政府的发展愿景………………………………（57）
　　二　信用政府的建构框架………………………………（57）
　第四节　社会资本与政府信用:概念模型…………………（60）

一　直接作用下的社会资本与政府信用……………………(61)
　　　二　交互作用下的社会资本与政府信用……………………(66)
　　　三　概念模型的提出………………………………………(69)

第四章　社会资本与政府信用关系的实证分析……………………(71)
　第一节　问卷设计……………………………………………(71)
　　　一　调查问卷的基本结构…………………………………(72)
　　　二　社会资本的测度项……………………………………(74)
　　　三　政府信用的测度项……………………………………(76)
　第二节　样本选取与数据采集………………………………(78)
　　　一　样本选取的区域………………………………………(78)
　　　二　数据采集的过程………………………………………(79)
　第三节　主要分析方法………………………………………(81)
　　　一　单因素方差分析………………………………………(81)
　　　二　验证性因子分析………………………………………(81)
　　　三　结构方程模型…………………………………………(82)
　第四节　实证分析基本步骤…………………………………(82)
　　　一　样本的描述性统计分析………………………………(82)
　　　二　样本的信度和效度检验………………………………(85)
　　　三　单因素方差分析………………………………………(87)
　　　四　验证性因子分析………………………………………(91)
　第五节　实证分析结果：结构方程模型的构建……………(94)
　　　一　结构方程模型的变量及路径…………………………(95)
　　　二　初始模型的拟合结果…………………………………(96)
　　　三　第一次模型的修正……………………………………(99)
　　　四　第二次模型的修正及模型确定………………………(101)
　　　五　假设检验………………………………………………(105)

第五章　信用政府建构的探讨：研究结论推广……………………(106)
　第一节　基于实证分析的解释………………………………(106)

· 3 ·

一　模型的效应分解 …………………………………（107）
　　二　社会资本的关联性 ………………………………（109）
　　三　政府信用的传导性 ………………………………（111）
　第二节　信用政府的行动困境 ……………………………（112）
　　一　嵌入式社会资本的空间 …………………………（113）
　　二　压力型政府的信用规则 …………………………（117）
　第三节　信用政府建构的模式 ……………………………（120）
　　一　官僚体制匡正 ……………………………………（121）
　　二　社会资本推动 ……………………………………（123）
　　三　二元协同发展：信用政府建构的选择 …………（124）

第六章　信用政府建构的实现路径 ……………………（126）
　第一节　信用政府实现的路径图谱 ………………………（126）
　　一　路径图谱的基本原则 ……………………………（127）
　　二　路径图谱的脉络体系 ……………………………（128）
　第二节　政治信任凝聚：政府形象提升的前提 …………（130）
　　一　开启公民参与窗口 ………………………………（131）
　　二　重视行政价值重塑 ………………………………（132）
　　三　规范市场主体行为 ………………………………（132）
　第三节　多元网络融合：政府活力创造的关键 …………（134）
　　一　切实转变政府职能 ………………………………（134）
　　二　积极培育社会组织 ………………………………（135）
　　三　完善社会资源配置 ………………………………（136）
　第四节　制度规范约束：政府信用监督的保障 …………（137）
　　一　信息公开机制 ……………………………………（138）
　　二　失信测评机制 ……………………………………（138）
　　三　责任追究机制 ……………………………………（139）
　　四　危害补救机制 ……………………………………（140）
　　五　守信激励机制 ……………………………………（140）
　　六　申诉复核机制 ……………………………………（140）

第七章 信用政府——迈向治理能力现代化的基石 (142)
第一节 已有研究观点及主要结论 (142)
一 两个维度的考察:社会资本与政府信用 (143)
二 实证分析的样本特征及结构探讨 (145)
三 信用政府的建构理念及模式选择 (146)
第二节 治国理政新时期政府信用的新考验 (147)
一 新常态背景下的经济下行压力 (148)
二 社会转型面临的潜在风险 (151)
三 改革推进的障碍与阻力 (155)
第三节 治理能力现代化进程中的社会资本 (157)
一 政府信用的治理意义及实现 (158)
二 社会资本对治理能力现代化的影响 (161)
三 社会资本的良性积累:提升政府治理的重要抓手 (165)

附录:调查问卷 (170)

参考文献 (174)

后记 (190)

表目录

表 1.1　"社会资本"概念的代表性观点 …………………………（10）
表 1.2　"政府信用"概念的代表性观点 …………………………（12）
表 2.1　测度社会资本的典型指标 …………………………………（24）
表 2.2　美国民众对政府的信心 ……………………………………（33）
表 4.1　社会资本的测度题项 ………………………………………（75）
表 4.2　政府信用的测度题项 ………………………………………（77）
表 4.3　调查问卷发放和回收情况 …………………………………（80）
表 4.4　被调查者的人口统计特征 …………………………………（83）
表 4.5　基本信息的描述性统计 ……………………………………（85）
表 4.6　129 个县级区域样本变量信度分析结果 …………………（86）
表 4.7　县域社会资本的方差齐性检验结果 ………………………（87）
表 4.8　县级地方政府信用的方差齐性检验结果 …………………（88）
表 4.9　县域社会资本的方差分析 …………………………………（89）
表 4.10　县级地方政府信用的方差分析 …………………………（90）
表 4.11　旋转后的信任关系因子载荷 ……………………………（92）
表 4.12　旋转后的社会网络因子载荷 ……………………………（93）
表 4.13　旋转后的政府信用因子载荷 ……………………………（94）
表 4.14　SEM 评价的主要指标及参考值 …………………………（98）
表 4.15　初始 SEM 拟合的统计值 …………………………………（98）
表 4.16　初始 SEM 的路径系数 ……………………………………（99）
表 4.17　第一次修正后 SEM 拟合的统计值 ……………………（101）

· 1 ·

表 4.18　第一次修正后 SEM 的路径系数 ………………………（101）
表 4.19　第二次修正后 SEM 拟合的统计值 …………………（103）
表 4.20　第二次修正后 SEM 的路径系数 ……………………（103）
表 4.21　修正后 SEM 模型中变量的参数估计 ………………（104）
表 4.22　研究假设验证汇总情况 ………………………………（105）
表 5.1　第二次修正模型中的直接效应 …………………………（107）
表 5.2　第二次修正模型中的间接效应 …………………………（108）
表 5.3　第二次修正模型中的总效应 ……………………………（109）
表 5.4　第二次修正模型后社会资本的关联性 …………………（110）

图目录

图 1.1 社会资本与政府信用研究的发展路径及未来可交叉
领域 ·· (7)
图 1.2 本研究的技术路线 ··· (13)
图 1.3 本研究的内容框架 ··· (14)
图 2.1 社会资本理论框架的基本脉络 ······························· (19)
图 2.2 地方政府信用风险系统的结构模型(杨璐、李家军,
2008) ·· (31)
图 3.1 稳定、有序的政府行动过程框架 ···························· (49)
图 3.2 地方政府失信形成机理框架 ·································· (53)
图 3.3 信用政府的建构框架 ··· (58)
图 3.4 社会资本的运作过程模型(林南,2002) ··················· (61)
图 3.5 本研究的整体概念模型 ··· (70)
图 4.1 云南省 129 个县域行政区的调查样本数(以市、州为
聚合) ·· (84)
图 4.2 初始结构方程路径图(SEM) ···································· (95)
图 4.3 初始结构方程模型(SEM) ······································· (97)
图 4.4 第一次修正后的结构方程模型(SEM) ···················· (100)
图 4.5 第二次修正后的结构方程模型(SEM) ···················· (102)
图 5.1 社会资本的关联性结构图 ···································· (111)
图 6.1 信用政府实现的路径图谱 ···································· (129)

· 1 ·

序 一

范柏乃
(浙江大学公共政策研究院副院长 教授、博士生导师)

  为政之要，重在取信于民；取信于民，核心是政治诚信。政府是社会信用制度的制定者、执行者和维护者，同时也是公共信用的示范者，这就决定了政府信用在社会信用体系中处于核心地位。在现实生活中，老百姓面对的不是抽象的"政治"、"政府"，而是具体的政府部门和政府官员。如果政府部门或政府官员不讲诚信、说话不算数，或不能兑现对群众作出的承诺，不仅会损害政府的权威，而且会失去人民群众的信任。习近平总书记在兰考县委常委扩大会议上专门提到"塔西佗陷阱"：当公权力失去公信力时，无论发表什么言论、无论做什么事，社会都会给予负面评价。对于处在制度转轨、社会转型和重要战略机遇期的中国来说，更应该高度重视政府信用的治理意义，政府信用水平的高低影响了政府治理能力现代化的进程。如何跳出"塔西佗陷阱"，重塑政府信用，无疑成为社会信用体系建设的重中之重。

  目前，关于政府信用的研究成果已经很多。西方学者主要从公众对政府信任的维度开展研究，但政府信用主要局限于政府的经济信用范畴，故而在概念属性的界定上与国内学者有所差异。国内学者主要围绕政府信用的现状及原因、信用缺失的逻辑、国外社会信用制度的总结与借鉴、建设诚信政府的意义、政府信用的评价等方面展开，实证研究偏少。我所带领的研究团队十年前开始关注并研究政府信用，对不同层级的地方政府信用进行实证调查，运用回归分析、路径分析、结构方程模型和系统动力学等定量方法，研究政府信用的影响因素、揭示政府信用的生成机理，考察政府信用与政府绩效的关联性，并试图构建政府信用指数。

信用政府的建构，提升内在信用是关键，但也不能忽视外部力量的推动。当前，国家治理的转型是内外因素共同作用的结果。一方面，传统治理职能的体制性衰退引发了政府信用危机；另一方面，传统治理模式也不利于激发社会主体的发展活力，亟需依靠一种外部力量推动国家治理的转型。我很欣喜地看到，龙海波博士《信用政府建构及治理能力现代化——社会资本视角的考察》专著的出版。本书从社会资本的视角对信用政府的建构逻辑作了新的诠释，以社会资本与政府信用的关联性为契入点，尝试运用结构方程模型考察了社会资本对政府信用的作用方式及作用机理，并提出二元协同发展的信用政府建构模式。可以说，社会资本是实现政府信用及治理能力现代化的一个重要外生因素，这也是该研究引入社会资本理论的关键所在，值得深入探讨和研究。

我国经济发展进入新常态后，经济下行对政府信用面临更大考验，在经济层面主要表现为地方政府债务，它所依赖的融资平台、土地财政、民间借贷等债务投入模式已难以为继，加之地方政府领导更替频繁，由于缺乏制度化的信用约束，前些年政府作出的许多承诺不能兑现，一些地方政府失信频现。有些地方政府为了吸引资金，纷纷推出各种形式的 PPP 项目，然而民间投资介入甚少。当前民间投资急速下滑，固然投资边际利润急速递减是关键，但政府信用缺失而导致的交易成本过高也是不可忽视的重要因素。因此，要促进民间投资的有效增长，更为迫切的还在于政府拿出怎样的姿态、给出怎样的信用，在与民间资本的平等合作中，让民间投资者真正看到政府诚信的不断提升，真正体验到交易成本的降低。

当然，政府信用缺失不仅局限于经济领域，还体现在政治、文化等领域。其中，政治领域的失信也越来越受到广泛关注，它主要表现为组织集体行为，比如城市定位、区域规划、发展战略或某种全局性动员口号等，但通常有一个滞后的显现期，几年甚至多年之后才能确定以前的政治性承诺放了空炮，不能兑现。解决这类失信问题，需要全面深化政治体制改革，但更重要的力量源泉应该是社会公众。目前，政府治理仍然存在公众参与不足、政府缺乏有效回应等问题，直接影响了政府与社会主体之间的有序互动。作为社会资本的核心要义，信任、互惠、规范以及参与网络成为政府和公众沟通联系的关键要素，这些要素结合形成的力量能够提高社会凝聚力，有助于实现治理主体和权力来源的多样化，这也是该书的核心思想所在。

该专著是龙海波在博士学位论文的基础上修改补充形成的，是他科研能力和学术水平的重要体现。他在浙江大学攻读博士学位期间，作为核心成员参与了多项国家科研项目申报、实证调查和报告撰写，表现出优秀的科研素质和研究能力。海波是在参与了我主持的国家自然科学基金项目《地方政府信用评价体系与管理机制研究》和教育部人文社科规划课题《地方政府信用对地方政府绩效的激励研究》等多项课题研究中成长起来的，博士学位论文得到了评审专家和答辩委员的很高评价，在校期间先后荣获浙江大学研究生一等奖、"三好研究生"，以及杭州市优秀博士生等荣誉称号。博士毕业后，他在国家公务员招考中以优异成绩脱颖而出，进入国务院发展研究中心工作，是范式团队的优秀毕业生。

很欣喜看到他的科研成长，很高兴为海波的专著作序。该专著是他博士研究生阶段科研成果的系统总结，也是他在国务院发展研究中心科研工作的新起点。期待他在国家高端智库的大平台上发挥更好更重要的作用。

2016 年 8 月 27 日
于浙江杭州西子湖畔

序　二

何增科

（北京大学中国政治学研究中心教授、博士生导师）

　　政府信用建设在当今中国的社会信用体系建设中发挥着龙头作用。这是因为长期以来中国社会政治运行的逻辑是："官行民效"、"上行下效"。政府及其官员和上级对于下级在言行方面无论好坏都起到了一种示范和榜样的作用。社会信用体系建设也遵循着同样的逻辑。建构一个诚实守信的现代政府也是现代国家治理的题中应有之义。如果政府不讲诚信朝令夕改公然违法失信，政府官员不讲诚信贪污腐败滥用权力，国家治理不仅谈不上现代化，连正常化都会大成问题。从这个角度讲，这本书的选题很有现实意义。

　　对社会资本与政府信任或政府信用各自的研究，在国内外已经有不少有影响的成果，但将社会资本与政府信用结合起来进行研究在国内外则不多见。本书的研究视角确有其独特之处。作者在分析社会资本对政府信用的影响时采用了科学的研究方法。他在总结已有研究基础上，提出社会资本影响政府信用的系列理论假设，随后设计了调查问卷并选取云南省诸县作为调查对象。在对问卷进行统计分析的基础上了检验自己原有的假设，证明了某些假设，也否定了某些假设。他的实证研究得出了不少有趣的发现。根据作者的研究，社会资本对政府信用的作用可以分为直接作用和间接作用。其中，组织信任与政府公信、组织信任与政府能力之间存在着直接的正相关关系，社会规范与政府公信、社会规范与政府能力之间存在着直接的正相关关系。人

序 二

际信任、网络资源等社会资本要素主要通过社会规范间接影响政府信用。作者还分析了社会资本诸要素的内在关联性，以及政府信用中政府能力对政府公信的内在传导性。这些分析无疑丰富了社会资本影响政府信用的有关理论，具有很高的学术价值。

本书作者没有停留在抽象的学术探讨层次上，他还探讨了当下中国特别是在西部欠发达地区以社会资本推动政府信用和通过匡正官僚体制推动政府信用建设的具体路径问题，并建立了"二元协同发展"的信用政府建构政策框架。这个政策框架内容包括：凝聚政治信任以提升政府形象方面，需要开启公民参与窗口，重视行政价值重塑，规范市场主体行为；融合多元网络以创造政府活力方面，建议切实转变政府职能，积极培育社会组织，完善社会资源配置；加强制度规范约束以保障政府信用监管方面，建议建立和完善信息公开机制、失信测评机制、责任追究机制、危害补救机制、守信激励机制和申诉复核机制。这些政策建议对当今中国的信用政府建设颇具参考价值。

社会资本与信用政府建构是一个值得长期研究的课题。作者在这个领域的研究已经有了一个良好的起步，希望作者能继续在这个研究领域深入研究，取得更多更好的学术成果，并努力以自身的学术研究推动中国的社会政治进步。

是为序。

2016 年 8 月 23 日
于北大未名湖畔书香斋

第一章 导论

第一节 研究背景

人类社会的发展始终伴随着经济、政治体制的变迁，蕴含着多重属性的融合，其中，既包括人与人之间与生俱来的自然属性，也包括人与组织之间合作形成的社会属性。从经济体制变迁的维度看，人在市场关系中的行为反映着这种关系所能实现的物物交换、等价交换和多重变化关系的本性（詹姆斯·布坎南，1964），这些关系的本性体现为市场信用。从政治体制变迁的维度看，社会公众对于政府行为的表现，反映了政府执政的民主性、公正性与正义性，是对政府权力合法性的考量，体现为政府信用。

毋庸置疑，一个国家的社会秩序、文化和信任状况直接影响着经济社会转型，这也无疑包含了对政府信用以及政府影响整个社会信用的审视。随着社会公众对政府信任问题的广泛关注，构建一个充满民主、活力、信任的信用政府是21世纪世界各国政府致力于改善的行动目标。可以说，信用政府建构问题的研究正是在这样的大时代背景下孕育而生的。

一 国际背景

经济全球一体化促使社会分工更加清晰、组织之间的交往更加密切，社会资本更加密集复杂，逐步呈现出多元化趋势。从世界范围看，世界各国社会信用的普遍缺失受到人们广泛关注。20世纪60年代以来，伴随着政府职能的扩张，建立在民主政治基石上的政府都不同程度地遭遇了信任危机的挑战，公众对政府未来的发展处于观望与徘徊状态，"抨击官僚"在西方国家已经成为一种潮流。20世纪80年代末，美国著名杂志《时代》周刊在其封面上直指政府弊病："政府死亡了吗？"问题的背后似乎隐藏着另一个更为严重、棘手的社会问题："对政府的信任一再降低到创纪录的最低点"，下文的数据似乎更能窥见其普遍性。

美国全国选举研究会（National Election Studies）开展的全国性民意调查显示：1964年76%的美国公民表示"总是或者大多数时间相信联邦政府会做正确的事情"；然而，在经历石油危机、经济衰退、财政困境以及抗税运动之后，1980年仅有25%的民众信任联邦政府（蔡晶晶、李德，2006）。与此同时，欧洲的许多国家也面临着信任危机的困扰。在英国，传统社会对精英政治家的拥戴逐渐被新一轮的怀疑主义所替代，1987年有50%的公众相信公务员、本国政府和地方议会都在为谋求社会公共利益服务，然而至1995年这个数字骤然降至25%（Pharr J. S., Putnam D. R., Dakotan A., 2000）。1996年的一项调查显示，只有35%的人表示了对公共行政的一般性信任。在瑞典进行的调查中，我们发现最缺乏信任的是新闻界（79%），其次是政客（74%）。在过去的40多年间，民众对政府的信任有着巨大的落差（安妮·博格，2000）。

经济全球一体化浪潮中，各国政府普遍遭遇了信任危机，外在社会压力的扩张与内在民众诉求呼声的日益高涨，共同构成20世纪80年代以来席卷欧美主要国家公共管理改革运动的重要社会背景。在这场新公共管理运动中，"服务政府"、"法治政府"、"责任政府"、"廉洁政府"、"信用政府"等各种旗帜交相辉映，体现了对革新政府的不同侧重。信用政府的建构已经成为当今学术界研究公共行政的重大命题之一。

二 国内背景

要实现成功转型、创造繁荣有序的社会秩序，就必须充分借助社会资本的力量。它与社会生产、社会制度、社会文化等各个方面的联系日益紧密，成为不可或缺的要素之一，也是经济发展和社会转型不可忽视的重要因素。与此同时，市场主体分工形成的理性契约关系不断受到社会结构分化影响，并对已有的政府信用关系造成扭曲，信用政府建设面临严峻挑战。

对于中国政府而言，社会公众对政府的信任状况也不容乐观，特别是随着公民社会力量的壮大和公众素质的提高，对政府行为的认知能力提出了更高要求，政府信用已经不仅停留在政府是否履行承诺、是否依法行政的层面。然而，作为信用政府建构的最初层面——承诺的践行度与行为的合法化，许多公众对其评价仍处于较低水平。群众信访事件日益凸显、政府债务负担的成倍增长、政府官员腐败的频繁曝光、机会主义决策的广泛盛行都是较好的佐证。一些地方政府官员不能依法行政，存在着有法不依、执法不公的现象，践踏了国家法律政策。事实上，我国的腐败状况已经渗透至各个领域，任何腐败类型几乎都有呈现，政府信用侵蚀严重（戴长征，2004）。

近年来，《小康》杂志会同有关专家及机构分别对我国"信用小康"状况进行了两次调查。调查结果显示：2005—2006年度中国信用小康指数为60.1分；2006—2007年度中国信用小康指数为60分，比上年下降了0.1个百分点，中国政府公信力指数为60.6分，比上年提高了0.1个百分点。调查中逾70%的受访者表示不信任地方政府，认为很多地方政府存在着"隐瞒真实情况，报喜不报忧"的情况。可以说，这是迄今为止对于我国政府信用评价较为权威的数据。

由此可见，受到世界各国信任危机的影响，加之我国正处在社会转型的特殊时期，整个社会信用都处于滑坡阶段，政府信用也不例外，社会公众对政府的信任褒贬不一，这或许与接触范围的局限性、传统观念的制约以及审视视角的多元性有关。

第二节 研究意义

从计划经济时期到计划经济向市场经济转轨时期，再到社会主义市场经济时期，这一发展历程是政府信用制度内生于经济社会发展与变迁的实证表征，其中也包括了社会资本的变迁。信用政府的建构离不开区域社会资本的影响，也离不开自身信用制度的作用，二者存在一种良性、有序的互动。因此，研究社会资本与政府信用之间的关系成为建构信用政府的关键，也为信用政府研究提供了新思路。它不仅对深入挖掘社会资本新内涵和政府信用新特质具有十分重要的理论意义，也对合理规范政府行为、重塑政府公信力具有深远的现实意义。

一　理论意义

在整个社会面临信任危机的情况下，寻求一个全新的视角建构信用政府，具有扎实的研究基础，将对政府信用矫正和政府信用制度的完善起到理论指导作用。特别是在市场经济条件下，将信用看作一种高效的社会资本进而影响政府行为，塑造一个充满民主、活力、信任的信用政府。可以说，对于如何治理政府信用缺失，跳出"行政信用"的怪圈应予以高度关注。本研究以社会转型时期信用政府建构为主线，以社会资本与政府信用的关系为切入点，分析二者之间如何相互影响、相互作用。它弥补了社会资本领域对信用政府研究的不足，有助于拓展社会资本理论的应用范围，推动信用政府建设。

本研究理论基础扎实，社会资本理论在社会学、经济学、公共行政学得以广泛运用，从国外已有的文献可以印证。但是，运用社会资本理论解释政府信用问题却是一个盲区，很多研究缺乏系统、深入的探讨，大多基于社会信任的角度去审视。构建一个基于社会资本与政府信用关系的分析框架，科学测度社会资本与政府信用之间的关联强度，无论是在理论框架还是在研究方法上都是一种新的尝试，具有较高的理论研究价值。

二　现实意义

我国正处于社会转型的关键时期，这一时期的显著特征就是社会矛盾凸显和利益诉求多元化。"躲猫猫"事件、70码事件、邓玉娇案、钉子户事件……在全国各地不断上演，社会公众与政府之间的关系发生着微妙变化，社会公众对地方政府的信任程度始终处于较低水平，严重地影响了社会主义和谐社会的实现。

近年来，党中央、国务院高度重视政府公信力和执行力问题，这也是信用政府的核心议题。党的十八届三中全会明确指出，必须切实转变政府职能，深化行政体制改革，创新行政管理方式，增强政府公信力和执行力，建设法治政府和服务型政府。因此，研究社会资本与政府信用的内在逻辑，选择符合中国国情的信用政府建构模式，不仅是政府创新的必然选择，也是推进国家治理体系和治理能力现代化的重要内容，特别是在社会转型的新时期更赋予了时代特色。

首先，信用政府的建构有利于树立良好公众形象。社会公众对于政府信任程度是影响政府形象的重要因素，而政府信任又包含多方面的内容，诸如对政府官员廉洁从政的信任、对政府部门履行承诺的信任以及对公共政策科学决策的信任等。信用政府的建构就是要解决社会公众与政府之间的认识盲区，跨越不信任的鸿沟。通过信任关系维系、社会网络融合、社会规范制衡等路径，实现良好的形象转型，即由漠视对立向互动参与的和谐政民关系转变，这也是政府公共行政达成目标共识与成功实现的根本保障。

其次，信用政府的建构有利于健全社会信用体系。一个完整的社会信用系统是由不同类别的信用构成的，包括个人信用、企业信用、政府信用、社会组织信用等，其中，政府信用是社会信用系统的核心和支柱（王和平，2003）。政府作为公共管理的主体，承担着各种社会公共事务的管理职能，是维护社会公平正义的基础，也是其他信用得以发展的基础。政府信用的缺失将使得整个社会信用体系失衡，如果任其发展可能最终导致崩塌。政府信用作为信用政府的内生因素，是其建构的重要力量，政府信用提升必将有力推动整个社会信用体系的建设。

最后，信用政府的建构有利于提升政府公信力。政府公信力是政府信用的重要组成部分，体现了其内在状态。政府公信力提升依赖于政府的合法性和权威性，也取决于政府自身能力建设。只有一个具有公信力的政府，出台的各项方针政策才能得到公众的理解、支持和配合，从而在认知与实践过程中产生认同感，确保公共政策执行到位和公共服务优化，这些也属于信用政府研究的范畴。可以说，信用政府建构的关键在于，政府及其公务员能够依法行使公民赋予的权力，切实做到公共政策制定"不跑调"、执行"不走调"。

第三节 问题的导出

社会资本为中国社会转型提供了强大支撑，在区域合作日益密切的今天，区域行政格局与经济板块相互融合迸发的社会资本也更加活跃，成为影响市场行为和社会信用的重要因素。因此，信用政府的建构不应停留在政府信用建设的狭隘视角，而要置于区域社会资本的广阔视野。通过对现有政府信用相关理论的回顾与梳理，笔者认为，"理论框架纵深化、研究视角集中化、研究工具多元化"将是今后一个时期信用政府研究的主流方向。

一 研究问题

从研究的现实背景和研究意义看，信用政府建设一直以来都是社会关注的话题，但是，信用政府建构的命题非常宏大，很难从总体上凝练主旨，基于社会资本与政府信用的关系，深刻剖析信用政府的建构模式是一个较为恰当的视角。由此，导出了本研究的核心问题：社会资本与政府信用的关系及内在机制是什么？信用政府的建构路径如何依托二者良性互动？具体来说，包括以下五个问题：（1）社会资本的解释空间在哪里？（2）政府信用的形成机理与失信内源是什么？（3）社会资本与政府信用之间如何有序互动？（4）信用政府建构的基本框架是什么？（5）当今中国信用政府建构的路径何在？这些疑问都是今后研究过程中需要解决的关键问题。

二 研究切入点

从图1.1中可以看出，社会资本的分析框架主要包括信任关系、社会网络和社会规范三个层面，这也是根据社会资本理论的发展和认识不断深化凝练而来的。根据以上逻辑思路，信用政府的建构如果考虑社会资本因素的影响，那么可以将上述五个研究问题进一步归纳为两个方面的具体问题：(1) 从信任关系、社会网络和社会规范三个维度构建社会资本与政府信用关系的分析框架；(2) 综合运用单因素方差分析、验证性因子分析和结构方程模型等研究方法，探究社会资本与政府信用的内在关联性和影响路径。

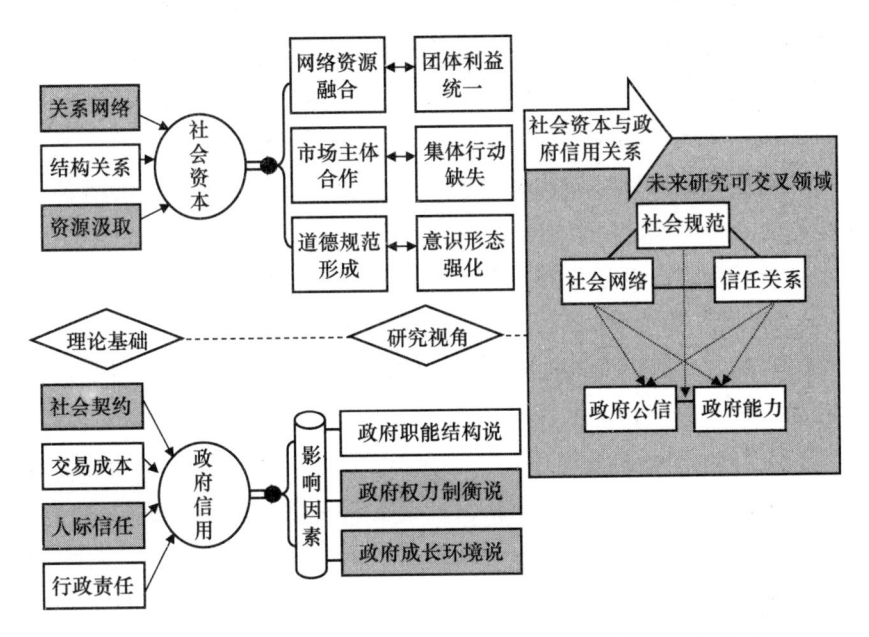

图 1.1 社会资本与政府信用研究的发展路径及未来可交叉领域

第四节 基本概念的厘定

目前，学术界对社会资本、政府信用概念的界定尚未形成一致观点，大都从不同的学科背景出发对其进行阐释，对于概念理解的侧重点不同必然导致对概念的不同解释。社会资本与政府信用贯穿整个研究的始终，是最重要的两个核心概念。因此，必须在总结已有研究成果基础上，对本研究概念进行清晰的界定，更加突出学理性和运用性，使其在实证研究中更具有可操作性。

一 社会资本

最早使用社会资本概念的是格林·洛瑞（Glenn Loury，1977），他从社会结构资源对经济活动影响的关系出发提出了社会资本的概念假想，形成了与已有的物质资本、人力资本相对应的逻辑，开创了研究社会发展的新视角。皮埃尔·布迪厄（P. Bour-dieu，1980）正式提出"社会资本"的概念，将其界定为"实际或潜在资源的集合，这些资源与由相互默认或承认的关系所组成的持久网络有关，而且这些关系或多或少是制度化的"。之后，詹姆斯·科尔曼（James S. Coleman，1988）从社会结构的意义上阐述了社会资本，并把它定义为"它们都是由社会结构的某些方面组成，且都有利于行为者的特定行为——不论它们是结构中的个人还是法人"，从学理上对社会资本给予了新的行为定义，由此形成了经济社会学理论。

20世纪90年代以后，社会资本概念真正引起了学术界的广泛关注。罗纳德·伯特（Ronald Burt，1992）提出："（社会资本指的是）朋友、同事和更普遍的联系，通过它们你得到了使用（其他形式）资本的机会。"这种观点主要是从社会关系的角度出发，将社会资本简单看成是一种社会关系，认为社会关系是创造资本的重要路径之一。之后，罗伯特·普特南（Robert Putnam，1993）在《让民主政治运转起来》一书中提到，社会资本可以理解为"能够通过推动协调的行动来提高社会效率的信任、规范和网络"。可以看出，这一概念整合了三类要素，对其不同侧重点的认知决定社会资本概念的不同解读，这也是目前学术界基本认同的定义，广泛运用于社会学、政治学的研究范畴。

从经济学视角的研究看，彼得·埃文斯（Peter Evans，1996）将社会资本看成是一种宏观制度，通过规范和网络将社会资本具体化为具有潜在价值的经济资产，强调了作为推动市场交易制度的社会资本在发展经济学理论中的重要作用。弗兰西斯·福山（Francis Fukuyama，1996）从经济发展与社会繁荣方面考察了社会资本的概念，认为"高信任度的社会，组织创新的可能性更大"。由此可见，经济学意义上对社会资本概念的解释更加侧重于信任与规范，将其视为经济发展的"第三增长极"。

从社会学视角的研究看，亚历山德罗·波茨（Alejandro Portes，1995）认为，社会资本是指处在网络或更广泛的社会结构中的个人动员稀有资源的能力；边燕杰、丘海雄（2000）认为，社会资本是行动主体与社会的联系以及通过这种联系汲取稀缺资源的能力。以上两种观点主要侧重于从网络的功能意义上界定，更加注重对网络结构中资源的获取。张其仔（1997）结合中国特殊国情围绕着社会网络的范畴进行研究，他将社会资本简单地定义为社会网络。由此可见，社会学意义上对社会资本概念的解释侧重于网络，这也是关于社会网络研究的突破。

从政治学视角的研究看，肯尼斯·纽顿（Kenneth Newton，1999）认为，社会资本主要是由公民的信任、互惠和合作有关的一系列态度和价值观构成的，其主要特征体现在那些将朋友、家庭、社区、工作以及公私生活联系起来的人格网络。这种关于社会资本特征的表述观点与罗纳德·伯特（1992）的社会关系论述具有理论上的延续性。李惠斌、杨雪冬（2000）认为，社会资本是以规范、信任和网络化为核心的从数量和质量上影响社会中相互交往的组织机构、相互关系和信念。由此可见，政治学意义上的社会资本仍然侧重于网络，体现了个人与组织联系的稳定性和扩展性，同时也反映了社会资本形成发展的路径依赖特征。

将以上国内外学者关于社会资本的定义归纳起来（见表1.1），主要有以下几种观点（陈柳钦，2007）：社会网络说、社会关系说、社会资源说和社会规范制度说。本研究主要倾向于普特南（1993）的观点，社会资本是基于信任关系的社会群体及成员在特定的社会规范指引下相互交往、合作形成的一种网络关系。由此可见，社会资本体现了三个基本特征：信任关系是基础；个人与个人、组织交往合作构成的社会网络是载体；社会规范是有序集体行动的保障。这也是目前比较公认的定义。需要说明的是，本研究中提及的社会资本指的是某一区域的社会资本，即县域社会资本，包括资本存量与结构。

表1.1　　　　　　　"社会资本"概念的代表性观点

代表人物	概念定义	基本特点
皮埃尔·布迪厄（1980）	实际或潜在资源的集合，这些资源与由相互默认或承认的关系所组成的持久网络有关，这些关系或多或少是制度化的	侧重"关系网络"
詹姆斯·科尔曼（1988）	它们都是由社会结构的某些方面组成，而且它们都有利于行为者的特定行为——不论他们是结构中的个人还是法人	侧重"社会结构"
罗纳德·伯特（1992）	朋友、同事和更普遍的联系，通过它们你得到了使用（其他形式）资本的机会	侧重"关系网络"
罗伯特·普特南（1993）	能够通过推动协调的行动来提高社会效率的信任、规范和网络	较为全面的概括
亚历山德罗·波茨（1995）	处在网络或更广泛的社会结构中的个人动员稀有资源的能力	侧重"社会资源"
肯尼斯·纽顿（1999）	由公民的信任、互惠和合作有关的一系列态度和价值观构成的，其主要特征体现在那些将朋友、家庭、社区、工作以及公私生活联系起来的人格网络	侧重"社会价值"
边燕杰、丘海雄（2000）	行动主体与社会的联系以及通过这种联系汲取稀缺资源的能力	侧重"社会资源"
李惠斌、杨雪冬（2000）	以规范、信任和网络化为核心的从数量和质量上影响社会中相互交往的组织机构、相互关系和信念，是社会机构、社会成员互动作用的具有生产性的社会网络	侧重"社会网络"

二　政府信用

信用问题是伴随着人类社会的产生而产生的，它是由社会中人们的互动所产生的必然现象（章延杰，2007）。政府信用是整个社会信用体系的一个特殊范畴，首先需要对政府信用的概念进行界定。

从国外学者研究看，对信用概念的解释主要体现在经济学和社会学意义上。马克思曾引用洛克的话说："信用，在它最简单的表现上，是一种适当或不适当的信任，它使一个人把一定的资本额，以货币形式或以估计为这一货币价值的商品形式，委托给另一个人，这个资本额到期一定要偿还。"这一表述充分体现了"可能偿还债务的品质"的经济学意义。启蒙时期的自然法学派思想家托马斯·霍布斯

(Thomas Hobbes)、让·雅克·卢梭（Jean Jacques Rous-seau）、约翰·洛克（John Locke）等社会契约论者使用的信用概念有经济和社会两方面的含义，但其更强调社会意义。他们认为，信用是人的一种恪守诺言和履行诺言的美德，它是建立在契约关系之上的。正如卢梭（1762）所言，"人们是基于社会契约而建立社会和国家的，因此，社会秩序和社会利益应该是建立在'契约关系'基础之上的"。由此可见，西方社会的学者普遍认为信用是因守约重诺而获致的信任，是与契约紧密联系的。随着西方古典经济学的盛行，人们对"信用"概念的使用逐渐偏向于经济学含义，而社会学含义却已逐渐淡化。20世纪70年代后，信任成为社会学研究的热门话题，也是与信用联系最为紧密的一个概念。

从国内学者研究看，对信用概念的解释主要体现在伦理学意义上，这主要受到古代各流派的思想家对于"信"的理解影响。《辞海》（1999年缩印版）指出信用有三种含义：其一为"信任使用"；其二为"遵守诺言，实践成约，从而取得别人对他的信任"；其三为"以偿还为条件的价值运动的特殊形式"。显而易见，《辞海》对"信用"的定义也具有狭义和广义的理解，其中信任与信用都体现某种关系状态，且这种关系均隐含着某种不确定性（何显明，2007）。相比之下，黄文平（2002）比较清晰地界定了二者之间的关系，他认为信用既"可以因信任而由个体的内心体验发生，也可因外在的因素，如法律、权力、惯例等转化为信任而产生"。郑也夫（2001）是国内最早对信任问题进行系统研究的学者之一，他认为信任是一种态度，相信合作伙伴的行为和周围外部环境会朝着我们所希望的方向发展。笔者认为，信任是一种个体外在的态度，属于静态层面；信用是一种群体内在状态，属于动态层面，信任是信用的外在体现。

将以上国内外学者关于政府信用的定义归纳起来（见表1.2），主要有以下几种概念的阐释：一是将政府信用定义为一种价值判断；二是将其定义为一种契约关系；三是定义为政府能力；四是定义为一种行政伦理和行政责任。目前，对于政府信用还没有形成一个比较权威的定义，本研究认为，政府信用指的是建立在契约关系基础上的政府履行职责和行政承诺的信用能力，它通常以政府行为和政府官员态度的形式表现。由此可见，政府信用包括两个方面：一是政府能力，即政府对区域内经济社会发展履行职责与承诺的能力；二是政府公信，即政府发展目标、权力合法性以及契约有效性的认可。

表1.2　　　　　"政府信用"概念的代表性观点

代表人物	概念定义	基本特点
吉登斯（1998）	就其本质而言，信用本身在一定意义上是创造性的，因为它需要一种"跳入未知"的承诺，或者说一种幸运的抵押品，这种抵押品意味着接受新鲜经验的准备状态	侧重"责任承诺"
克劳斯·奥弗（2004）	信任是关于期望他人行为的信念，这一信念指的是其他人将做某些事情或克制做某些事情的可能性	侧重"价值判断"
王和平（2003）	社会组织、民众对政府信誉的一种主观评价或价值判断，它是政府行政行为所产生的信誉和形象在社会组织和民众中所形成的一种心理反映	侧重"价值判断"
范柏乃（2005）	政府及其部门作为权力机构或权力的代理机构信守规则、遵守诺言、实践践约，同时也是社会组织、民众对政府信誉的一种主观评价和价值判断，它是政府行政行为所产生的信誉形象在社会组织、民众中所形成的一种心理反映	体现了契约关系和价值判断二者的结合，是较为全面概括性的
章延杰（2007）	国内外社会各主体对一个政府守约重诺的意愿、能力和行为的信任	侧重"契约关系"
吴晶妹（2009）	政府守信是指政府维护和遵守政府信用，即与各界往来中维护诚实守信的形象、贯彻执行各项政策与规则、遵守经济交易活动惯例及由此形成的债权债务关系契约	侧重"契约关系"

第五节　本书基本框架

一　技术路线

从研究的技术路线看，主要采取"文献检索、问卷调查→资料分析、调研总结→框架构思、模型构建→数据收集与处理→假设检验→研究结论"的技术路线，见图1.2。

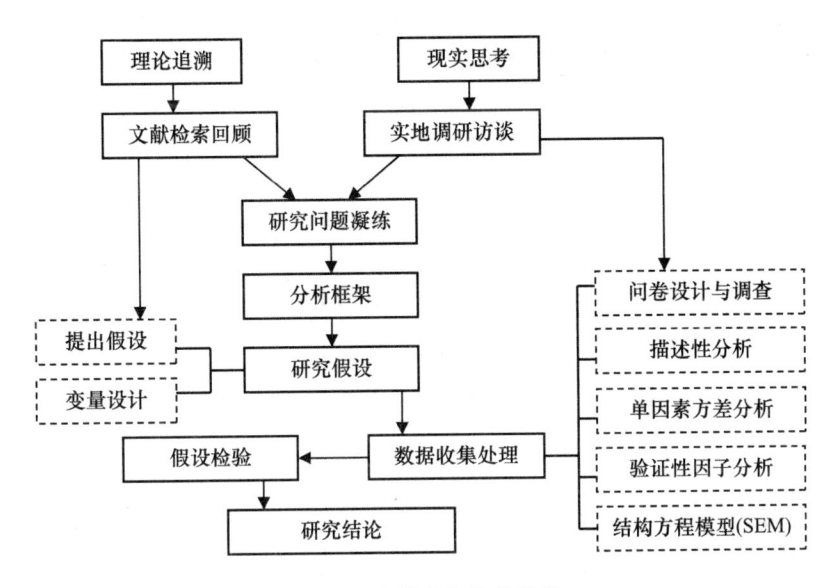

图1.2 本研究的技术路线

从社会资本理论、政府信用理论出发，本研究构建了转型时期社会资本与政府信用关系的理论模型，在此基础上进行模型概念化、变量的操作化设计，进而形成了本研究的理论假设。采用SPSS16.0和AMOS17.0专业统计软件对概念模型进行实证检验，最后提出信用政府建构的基本路径与策略。

二 研究内容

本研究以社会资本与政府信用的关系为切入点，构建一种适合信用政府的新分析框架，从而揭示政府信用的形成机理与缺失内源，在此基础上基于结构方程模型探寻社会资本与政府信用之间的影响方式和作用强度，通过比较分析信用政府建构三种模式，提出适合我国国情的信用政府实现路径。在以上技术路线的指引下，本研究分为七个章节展开讨论，试图解决上述提出的五个问题，对应章节的内在逻辑关系见图1.3。各个章节的具体研究内容如下：

第一章：导论。从研究背景和研究意义出发，导出本书的研究问题及切入点，通过对研究逻辑、技术路线、基本内容进行阐述说明，

信用政府建构及治理能力现代化

★ 社会资本与政府信用的关系及内在机制是什么？信用政府的建构路径如何依托二者良性互动？

第一章 导论

第二章 文献综述：研究现状与理论评述

文献检索

深度访谈

第三章 社会资本与政府信用的关系：信用政府的分析框架

社会资本的嬗变

政府信用的效应

信用政府建构的内在逻辑

问卷设计
描述分析　相关分析
信度检验　结构方程

实地调研
方差分析　因子分析
结构方程　效度检验

第四章 社会资本与政府信用关系的实证分析

第五章 信用政府建构的探讨：研究结论推广

第六章 信用政府建构的实现路径

第七章 信用政府——迈向治理能力现代化的基石

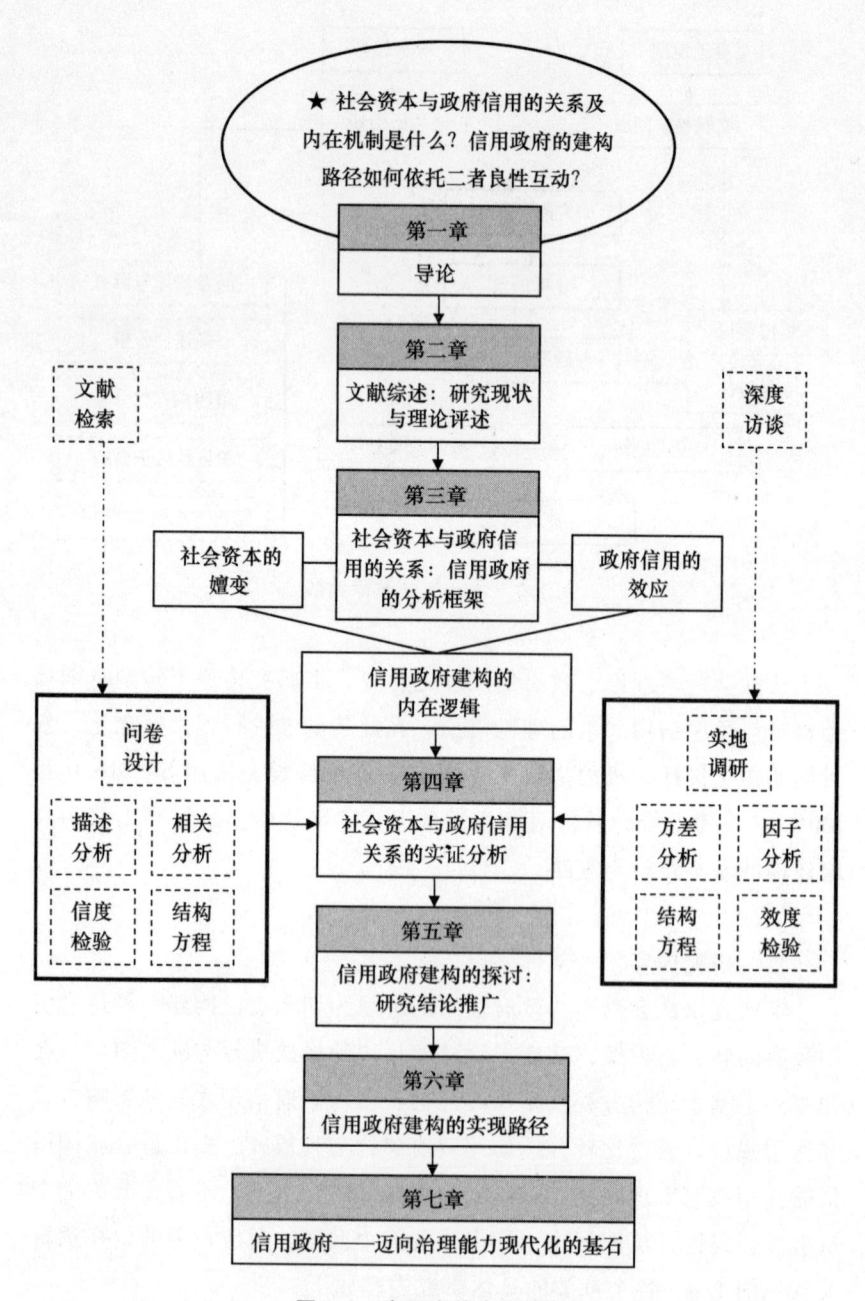

图1.3 本研究的内容框架

初步形成论述的总体框架体系，最后提出本研究可能的创新之处。

第二章：文献综述：研究现状与理论评述。从信用政府的外生因素——社会资本的渗入和信用政府的内生因素——政府信用的考量两个维度，对与本研究相关的文献进行回顾，主要涵盖理论基础、基本现状及表现、变迁路径、影响因素、实际测度等方面。在此基础上，总体回顾了社会资本与政府信用关系、信用政府建构思路等相关文献。通过对已有文献进行分析评述，进而提出未来研究的发展趋势。

第三章：社会资本与政府信用的关系：信用政府的分析框架。社会资本的嬗变和政府信用的效应共同推动了信用政府的建设，在此基础上，提出了信用政府的发展愿景与建构框架。本研究主要从信任关系、社会网络、社会规范与政府信用的直接作用和交互作用中，阐释社会资本与政府信用的概念模型。

第四章：社会资本与政府信用关系的实证分析。通过广泛征求国内相关专家学者、政府官员意见建议，进行问卷设计并对社会资本、政府信用相关的变量进行测度。在对样本选取与采集过程进行基本描述的基础上，进行描述性分析、单因素方差分析、信度和效度检验、验证性因子分析、结构方程模型构建，最后对测量模型、研究假设进行了检验。

第五章：信用政府建构的探讨：研究结论推广。基于实证分析对部分研究假设进行解释，根据研究数据判断某地区的总体社会资本存量与地方政府信用水平，进而从嵌入式社会资本的空间规模和压力型政府的信用规则两个方面探讨信用政府的行动困境，最终提出信用政府建构的三种基本模式：官僚体制匡正、社会资本推动和二元协同发展。

第六章：信用政府建构的实现路径。在对信用政府建构模式基础上勾勒了实现路径的行动图谱，进而从政治信任凝聚、多元网络融合、制度规范约束三个层面提出实现的路径选择与具体对策。

第七章：信用政府——迈向治理能力现代化的基石。对本研究的已有观点及主要结论进行归纳总结，并结合治国理政新时期的发展特点，从新常态背景下的经济压力、社会转型面临的潜在风险、改革推进的障碍与阻力三个方面提出了政府信用面临的新考验,并就如何发挥社会资本作用提升政府治理进行展望。

三 研究方法

本研究主要涉及政治学、公共行政学、行政伦理学、社会学、统计学,体现了多学科研究方法的交叉与融合。在回溯文献的基础上,运用归纳综合和演绎推理的定性研究方法;在深度访谈和问卷调查的基础上,运用描述性分析、相关性分析、单因素方差分析、验证性因子分析、结构方程模型等定量研究方法。

(1)通过文献检索、阅读和分析,了解国内外有关社会资本、政府信用的现状、存在问题、发展趋势、关注焦点,特别关注社会资本与政府信用交叉研究进展,进一步提炼本研究的核心思想、聚焦研究问题,建立一种新的分析框架,进而通过演绎推理提出研究假设。

(2)通过问卷调查方法,对云南省县级区域的社会资本与地方政府信用进行数据采集,按照政府机关、企业单位、事业单位、社会团体等大类进行问卷发放,运用李克特七点量表进行实际测量。

(3)运用SPSS16.0和AMOS17.0专业统计软件,对采集的统计数据进行信度效度分析、单因素方差分析、相关性分析及结构方程模型构建,进而验证概念模型与假设是否成立。

第六节 可能的创新点

本研究突破传统研究信用政府的范式,围绕信用政府建构的内生因素和外生因素,引入社会资本理论对信用政府进行研究,构建了社会资本与政府信用关系的新分析框架,阐释二者内在机制及其对信用政府建构的路径。具体可能在理论和方法上具有尝试性创新。

一 理论可能创新点

(1)将社会资本理论引入信用政府的研究领域,提出社会资本与政府信用关系的新分析框架,并演绎了二者的内在逻辑。

（2）在宏观分析信用政府建构的环境中，运用权力成长规约并借鉴耗散结构理论，分析了地方政府信用的形成与失信机理。

（3）在新的分析框架中，提出以官僚体制匡正与社会资本推动的二元协同发展的信用政府建构模式。

二 方法可能创新点

（1）在文献检索和专家意见咨询基础上，设计了一套信度、效度较高的测量政府信用与社会资本的李克特七点量表。

（2）在公共行政领域，综合运用单因素方差分析、验证性因子分析、结构方程模型等方法，刻画了社会资本与政府信用之间的影响路径及作用强度。

第二章 文献综述：研究现状与理论评述

信用政府的建构离不开区域社会资本的影响，也离不开自身信用制度的作用，二者存在一种良性、有序的互动。因此，研究社会资本与政府信用之间的关系，是建构信用政府的关键，也为信用政府研究提供了一种新视角。纵观国内外关于社会资本和政府信用的研究文献，体系庞杂、视角多元，而对于二者关系的研究文献却很少。本章主要从社会资本、政府信用、社会资本与政府信用的关系三个方面对有关信用政府建构的文献进行系统梳理，重点挖掘相关的理论基础及实证分析。

第一节 信用政府的外生因素：社会资本的渗入

"社会资本"最初由经济学的"资本"概念演变而来，20 世纪 70 年代以后，社会资本研究逐步理论化，各个学科开始追求其内在的理论涵养，逐渐成为政治学、经济学、社会学等社会科学领域研究的热门话题。本节主要介绍与社会资本有关的研究，包括社会资本的理论框架、变迁路径、实际测度等方面。

一 社会资本的理论框架

社会资本起源的主导解释模型认为，社会资本产生于志愿性社团内部个体之间的互动（怀特利，1995）。这种社团被认为是推动公民之间合作的关键机制，并且提供了培养信任的框架（Robert Putnam, 1993, 1995; Francis Fukuyama, 1995; James Coleman, 1988, 1990）。由此可见，以社团为对象、合作规范和公民关系为焦点，成为贯穿社会资本研究的主线。对于社会资本的理论框架而言，主要经历了社会网络、社会结构关系、社会资源能力等研究视角，研究范式转变也呈现出相互交织、相互影响的结果，具体见图2.1。

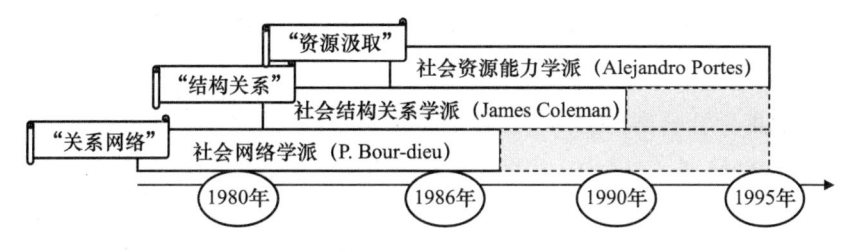

图2.1 社会资本理论框架的基本脉络

（一）社会网络学派——"关系网络"

以皮埃尔·布迪厄（1986）为代表的社会网络学派是社会资本研究的主要派别，其基本观点是，社会资本主要以关系网络的形式存在。他认为，关系网络形成并创造了社会资源，这种资源能够有效解决社会问题并具有实用价值，它能够向网络内社会成员提供所共享的资本。从社会网络的角度研究社会资本，逐渐被后来的社会资本研究者继承和发展。

诺曼·厄普赫夫（Norman Uphoff, 1996）在布迪厄研究的基础上进一步拓展了关系网络的规范性，进而将社会资本分解为"结构性"和"认知性"两种类型。其一，结构性社会资本主要是通过依靠传统规则、已有程序和先例建立的角色，与社会网络促进共同受益的集体行动；其二，认知性社会资本则是在共同遵循的社会规范、价值理念、态度与信仰的基础上，引导人们走向共同受益的集体行动。这两种类型的社会资本实现了关系网络的构建由"被动"向"主动"集体行动的递进。之后，哈皮特和戈沙尔（Nahapiet and Ghoshal,

1998)又将"关系性社会资本"纳入,构成了由结构性嵌入、关系性嵌入和认知性嵌入为主的社会资本框架,其中,结构性嵌入强调社会关系网络的非人格化,关系性嵌入强调社会关系网络的人格化,认知性嵌入则强调社会潜在资源,如语言、符号、文化习惯以及组织内的默会知识等。

张其仔(1997)也认为社会资本从形式上看就是一种关系网络,认为社会网络是搭建人与人之间关系的无形基础;与此同时,社会网络也是资源配置的一种重要方式,是组织成员参与资源要素分配的一般形态。他认为,社会资本至少由结构、资源、规则和动态四种要素构成。

(二)社会结构关系学派——"结构关系"

以詹姆斯·科尔曼(1990)为代表的社会结构关系学派也是社会资本研究的主要派别,他认为,社会资本反映了组织与组织、个人之间的内在联系,是基于人际关系中的某种社会关系。具体来说,社会资本就是个人拥有的、直接表现为经济社会资源的资产,主要由社会结构的基本要素构成,强调了组织交往过程中产生结构性效用。

布朗(Brown,1997)逐渐发展并拓展了社会网络学派的观点,从系统论的视角研究社会资本的关系要素,认为社会资本就是一个程序系统,它根据组成社会网络的个人之间的关系模式分配社会网络资源,社会资本系统可以按照系统主义"要素、结构和环境"的三维分析被划分为微观、中观和宏观三个分析层面。Adler P. S. 和 Kwon Seok-Woo(2002)进一步整合了内在结构框架,着重强调了外在社会资本与内在社会资本的不同结构功能,外在社会资本倾向于获取组织外部资源,而内在社会资本倾向于提升集体内在绩效。

(三)社会资源能力学派——"资源汲取"

以亚历山德罗·波茨(1995)为代表的社会资源能力学派强调,社会资源是社会资本的核心,而获取社会资源的能力是社会资本的本质所在。社会资本的资源获取,应该是基于社会结构形成的,通过结构提供给行动者"互惠预期"和"强制信任"这两种结构性约束,进而使行动者能够通过嵌入方式获取短缺资源的潜力。从某种程度上说，波茨关于社会资本的理论框架也是在社会结构关系学派的基础上发展起来的，强调了社会稀缺资源的获取方式与手段。罗纳德·伯特（1992）认为社会资本是社会行为者从社会关系网络中所获得的一种资源，提出了著名的"结构洞"（Structure Hole）理论。杨永福（2002）直接指出社会资本是一种结构资源，它蕴含于结构本身，并非是可以依靠关系网络汲取的实际资源。顾新等（2003）则主张基于社会行动能力去研究社会资本，强调依靠组织互动形成的社会关系网络来获取资源的能力。边燕杰（2004）也认为，"社会资本的存在形式是社会行动者之间的关系网络，本质是这种关系网络所蕴含的、在社会行动者之间可转移的资源"。可以看出，现有学者基本上都是强调社会资源本身不是社会资本，这也进一步引发学者向社会资本的动态变化方面研究。换言之，社会资本不仅是一种存量的积累，更是一种增量的获取。

二 社会资本的变迁路径

如前所述，社会资本变迁与经济社会转型具有同步性，它既促进了某个时期的经济繁荣，也在一定程度上影响了区域的发展。特别是在转型时期，它还与政府行政体制、特殊的文化背景有关。社会资本的变迁路径，大致包括了社会资本的起源与形成、社会资本的发展与衰落等几个方面，主要集中在国外的相关研究。

（一）社会资本的起源与形成

最早对社会资本起源进行阐释的是托克维尔模型，其核心思想是，正式组织的成员身份创造了节制、合作、信任和互惠的公民道德（托克维尔，1965）。托克维尔模型揭示了志愿性组织是如何有助于提供社会资本和支撑合作的，也有效地解释了社会资本是如何从最低限度中创造出来的。然而，怀特利（Paul F. Whitely, 1995）认为，托克维尔模型对于社会资本起源的解释是不完全的，它还可以考虑其他变量，诸如与公民人格、道德观以及个人认同的象征性社群有关的心理变量，因为最低限度的社会资本产生还需要另外一种机制。他基于托克维尔模型提出了社会资本创造的可供选择的模型有三种：

(1) 由个体的人格特征创造的；(2) 由个体关于规范的信仰和道德密码创造的；(3) 由"想象的"社群成员身份创造的。他在此基础上，构建了社会资本起源的模型。研究表明，人际关系对于社会资本的形成非常重要，但是，这种关系虽然增进了某些形式的信任，却妨碍了他人。

布迪厄和科尔曼都强调社会资本相对于其他资本形式的无形特点，他们认为，社会资本内生于人们关系结构中，一个人要拥有社会资本必须与其他人有联系。也就是说，密集的网络是社会资本出现的必要条件。与之相反，罗纳德·伯特（1992）却认为"联系的相对缺乏推动了个人的流动"，由此提出假设：更强的网络联系可能传递丰富的信息；更弱的网络联系能够成为新知识和资源的来源。虽然对于社会资本的来源有着不同的学术争论，而这些争论也都基于社会网络的性质而言，但是，社会网络学派和社会结构关系学派却也存在基本的共识，即社会资本代表了行为者通过在社会网络或其他社会结构中的成员身份来确保收益的能力。

(二) 社会资本的发展与衰落

虽然部分研究表明，社会资本是在民间社会中逐步发展起来的，政治体制对社会资本的发展作用尚不明显，但是，马库斯·弗雷塔格（Markus Freitag, 2006）认为政府结构与社会资本存在着较强的关联性，具体而言，直接民主可以促进志愿性社团的结社，而协商一致的民主和分权的政治结构，能够促进社会资本发展。希尔德和本尼（Hilde Coffé and Benny Geys, 2005）考察了社区之间的异质性及社会资本对地方政府行为的影响，研究发现：如果将对地方政府经济社会发展的相关指标作为控制变量，社会资本的发展水平具有显著性，特别是区域间社会资本发展水平与民族数量存在显著负相关，这也说明整合民族文化对于提高社会资本和经济发展的重要性。社会资本在发展过程中受到社会网络学派的影响，它是一种现代经验性范畴，是分析现代民主政治和政府行为的工具之一。不可否认，社会资本的发展无论是在政治生活还是在经济运行中都具有十分重要的作用。已有的研究主要集中在以下几个方面，而这也正是社会资本研究框架的实质内容。

（1）社会资本的发展促进了网络资源融合。阿克洛夫（Akerlof, 2000）和费希特曼（Fershtman, 2001）等认为，组织和网络有助于成员之间采取互利行为和利他行为，例如，美国工人主要通过关系网络寻找工作（格兰诺维特，1975，1995）。

（2）社会资本的发展促进了长期合作。劳特利奇和安斯伯格（Routledge and Von Amsberg, 2003）分析了经济主体重复交易中的合作问题，研究表明：经济交易主体重复交易的可能性越大，在交易中合作的可能性越大，因为长期而持续的合作，可以提高双方的收益；相反，如果只是一次性交易，交易者在交易中违背合约的可能性越大。

（3）社会资本是降低交易成本、促进市场经济和谐发展的重要因素，但是社会资本也有一些负面影响（诺斯，1990），出现了衰落下降的趋势。波茨和兰多特（Portes and Landolt, 1996）从自我嵌入的观点入手，将维持社会关系的固有成本纳入分析视野，认为社会资本等于社会财产与社会义务的差。从这个方面看，社会资本呈现出衰落的趋势：一是面临其他网络成员在他自己的资源上自由驾驭；二是网络成员往往会使人服从限制性条例和限制个人行为的法令。科尔曼（1990）强调关系网络封闭性的某些弊端，诸如流动性导致社会结构的消失，公共物品的特殊属性降低了社会资本的创造数量等。此外，其他国外学者也指出社会资本可能产生的几个负面影响，基本与科尔曼的研究结论一致，诸如排斥圈外人、搭便车、自主性弱化等问题。研究表明，社会资本具有两面性，它既能成为公共"善"的来源，也能够带来公共的"恶"。

三 社会资本的实际测度与分析

如前所述，社会资本根据不同的分类标准可以分成微观、中观和宏观三个层次，许多学者对不同层次的社会资本进行实际测度，通过运用相应的调查方法形成了不同的测量手段。从目前总体的研究来看，主要有以下三类方法：

第一种方法主要侧重于宏观层面，采用一个给定社会（或社区）内的网络、协会的数量以及这些协会的成员人数，衡量该社会（或社区）的社会资本水平。表2.1给出了目前研究中主要采用的一些测度指标。

表2.1　　　　　　　　测度社会资本的典型指标

指标的类别	测度指标
水平组织类	a. 地方性组织、协会的种类和数量；b. 组织内部收入和职业趋同程度；c. 组织、协会的成员人数；d. 组织内部亲缘关系紧密程度；e. 组织对政府的信任程度……
民主与政治类	a. 公民自由指数；b. 遭受政治歧视的人口百分比；c. 政治歧视密度指数；d. 遭受经济歧视的人口百分比；e. 经济歧视密度指数……
社会综合类	a. 社会流动性指数；b. 罢工次数；c. 青年人失业率；d. 离婚率；e. 单亲家庭比率；f. 每千人中入狱人数……
法律和管理类	a. 司法独立性指标；b. 官僚作风程度；c. 契约可执行性；d. 现金/M_2比例……

资料来源：转引自邹宜斌《社会资本：理论与实证研究文献综述》。

第二种方法主要侧重于中观层面，直接调查某个特定社区人们之间的信任水平和参与决策制定过程的程度，目前很多研究都运用社会信任水平作为估量社会资本水平代理变量。例如，世界价值观调查（World Value Survey，WVS）的典型问题是："请您从总体上判断您所处的社会（或社区）属于下列哪种情况：A. 社会上大多数人都是值得信任的；B. 和社会上的人打交道要非常谨慎，因为人们不值得信赖。"

第三种方法主要侧重于微观层面，直接测度个人和组织的社会资本。例如，一个人的社会资本可以从他所拥有的社群网络来描述和量度（普特南，1993）。企业的社会资本可以从企业内部和企业外部两个方面来描述（韦斯特隆德，2003），企业内部资本包括企业内管理者及员工之间的关系，并把企业外部社会资本划分为生产相关、环境相关和市场相关的社会资本。

第二章 文献综述：研究现状与理论评述

随着社会资本理论的深入发展和研究方法运用的逐步推进，在以上三种主要测度社会资本方法的基础上对社会资本的测量又有了进一步的发展。例如，布富梅和拉恩（Brehem and Rahn，1997）提出了社会资本的结构模型，由三个有联系的概念组成，即民间的约定、成员的相互信任和政府的信心。克里希纳和施雷德（Krishna and Shrader，1999）将调查研究按社会的层次分为四类：个人/家庭、邻居/社团、地区和国家。劳特利奇和安斯伯格根据社会资本与交易目标实现的关系，提出并建立了内生社会资本模型，这也是社会资本测量的一次重要理论突破。

我国台湾学者罗家德和张绅震在《信息化组织与科层组织社会资本形成因素之比较》一文中提及，社会资本的测量应该从信任来源及传递开始，将信任关系看作关键指标。大陆学者杨瑞龙、朱春燕（2002）也基本认同这种测度的科学性，认为社会资本的测量应以人际信任度为重要考量。之后，周小虎（2002）提出测量企业家社会资本的指标体系，包括关系网络、企业家利用社会资本的能力和企业家所处的环境等；隋广军、盖翊中（2002）则具体提出测量城市社区的社会资本模型，即 $S_i = a_i + b1C_i + b2X_i + b3L_i + b4J_i + b5G_i + b6Z_i + b7Q_i + U_i$ [①]。

根据上述的社会资本测度方法，一些学者通过统计抽样和问卷调查的方法获得了大量截面和时序数据，主要对社会资本与经济社会发展的关系进行了检验。例如，兰克和基弗（Knack and Keefer，1995）运用世界价值观调查的数据考察了人际间信任、市民合作规范与经济绩效的关系，结果发现信任对经济绩效有显著影响。怀特利（1995）通过对来自1972—1992年的34个样本国家经济增长和社会资本数据分析，也得出相似结论，凸显了社会资本与经济增长的关联度。

[①] S_i表示个体的社会资本水平；C_i表示个体的社会参与度；X_i表示个体的信任和安全感；L_i表示邻居间的联系；J_i表示家庭的联系；G_i表示社区社会规范；Z_i表示社会价值；Q_i表示其他；U_i表示误差项。

第二节　信用政府的内生因素：
政府信用的考量

"政府信用"的概念是由经济学中"信用"概念移植过来的，而国外学者大都称之"政府信任"，政府信用既是社会信用体系的重要组成部分，也对整个社会信用体系的维系和运作发挥着重要作用。地方政府信用水平关系整个社会生活秩序，也影响着一个区域的社会资本存量，是学术界长期关注和探讨的重要话题。本节回顾了现有与政府信用有关的研究，归纳起来，主要包括政府信用的理论基础、基本现状、影响因素与实际测度等方面。

一　政府信用的理论基础

政府信用的思想来源于近代西方的社会契约理论，政府信用问题的研究视角首先从政治学领域开始，以霍布斯和卢梭为主要代表。他们认为，国家是人们由于理性驱使，为摆脱无序争夺状态而寻求有组织和平生活而相互订立的一种社会契约，政府实际上是执政者与人民订立契约的产物，人民与政府之间存在着政治委托—代理关系。因此，政治学的研究视角是从政府与公众的关系分析政府的合法性，强调政府要对公众讲信用。没有信任，领导者不能够获得除了胁迫以外的公民服从，不能作出持久的决定，或投入资源需要采取集体行动（Barber，1983；Levi，1997，1998；Scholz and Lubell，1998；Scholz and Piney，1995；Tufte，1990）。信任可以创造一个政治领导者获取成功的政治环境（赫瑟林顿，1998）。

在经济学领域，主要依靠交易成本理论解读政府信用，以阿罗（Arrow）和赫希（Hirsch）为主要代表。阿罗指出，信任是经济交换的有效润滑剂。社会信用水平是一个社会信任程度的反映，是社会经济发展的重要道德支柱。经济学研究表明，政府信用可以降低交易成本。具体而言，较高的政府信用有利于制度环境的稳定，它对于交易成本节约，提高经济效益、增加利润是非常明显的；相反，政府信用降低可能面临政府信用危机，导致交易成本增加、经济发展迟滞。我国经济学家张维迎（2002）对中国各省的实证研究也揭示了相似的结论，"数据分析发现，信任（主要以第一信任度为分析对象）和一些重要的经济表现很有关系"。

20世纪50年代，西方心理学家开始关注人际信任，他们以"囚徒困境"为题，研究人们在不能相互交流的情况下，即在信息缺失的情景中，如何选择自己的行为策略问题。在他们看来，人际信任的有无以双方合作与否反映，两者之间的信任程度随着实验条件的改变而改变，信任被看作一个由外在刺激决定的变量。

20世纪80年代，信任成为西方社会科学界关注的热点问题之一，出现了一大批信任研究的成果，诸如卢曼（Niklas Luhmann）的《信任与权力》（1979）、巴伯尔（B. Barber）的《信任的逻辑与局限》（1983）、米泽太勒（Misztal, B. A.）的《现代社会中的信任》（1996）等。特别是近年来，西方社会学家主要集中在社会资本问题的研究，科尔曼（1999）、福山（1995，2001）和普特南（2000）等做出了巨大贡献，他们认为普遍信任来自中间团体内部个体之间的互动，由此推动了人们之间的合作并促使信任关系的形成，社会信用的缺失对于社会和公民也具有极大的危害，这一观点已经在前面社会资本的研究综述中提及。

在公共行政学领域，主要是从行政伦理与行政责任方面阐述了政府体系的重塑问题。斯塔（Starling）等关于行政道德、行政责任的论述，从价值和道德层面讨论政府信用体系的构筑问题。古德塞尔（Goodsell, 2006）明确指出，"政府的最高宗旨是建立公众的信任，使民主成为可能"，这一观点强调了政府信用在公共行政领域的重要性。政府管理中的问题引发了学者的关注和思考，他们从政府行为的范围、政府绩效、公民参与、腐败问题、经济问题、社会和文化等不同角度寻求政府信用衰落的原因。还有部分学者将对政府官员的执行力和政府绩效的评价看成是潜在的信任，而经济发展水平则被认为是政府信任的主要原因。当公众对经济发展不满时，对政府的不信任随之而来，当经济恢复繁荣时，信任度随之提高（Chanley, Rudolph and Rahn, 2000; Citrin and Green, 1986; Citrin and Luks, 2001; Feldman, 1983; Hetherington, 1998; Lawrence, 1997; Miller, 1991)。官僚机构臃肿、行政绩效低下、政府不作为等都是政府信任度低下的内在原因。正如奈（Nye, 1997）所言，"过于信任对公民而言可能是件坏事，但是，过低的信任可能是政府无能的表现，因为大多数人都希望政府去解决"。

二 政府信用的基本现状及表现

在公共行政领域，相比合法性、责任、效率、回应和公共参与等概念而言，集中关注于政府信任还是20世纪80年代后期的事。二战后，西方国家出现了诸如财政赤字、绩效低下、信任危机等问题，在对1981—1990年选取的11个欧洲国家调查发现，对政府组织的公众信任度有6个国家明显下降，政府信任的下降已经超过30年了（Caroline J. Tolbert, Karen Mossberger, 2007）。当然，调查数据也具有一定的局限性，但是它基本勾勒出了80年代后期世界各国政府信任衰落的整体趋势。贝恩（Behn, 2001）、罗斯科（Ruscio, 1999）认为重点关注政府信任不仅在于一个重要的价值，而且看成是解决紧张关系的催化剂。对于政府而言，公众对于政府的高度信任有利于更大的政策创新和风险，而低度信任可能威胁政府的稳定及合法性（比安科，1994）。在具体实践中，损害政府信用的行为时有发生，诸如政策的失当及不稳定、政府官员行为失当及不稳定、过大的国债规模、滥用政府担保和支持（句华，2003），它主要从行为主体到行为个体分析了政府信用损害的基本情况，显现出信用经济体制下的政府信用危机。

从我国地方政府信用的实际调查发现，地方政府信用也呈现下降的趋势。"湖南政府信用建设研究"课题组（2004）通过问卷调查和访谈的形式，指出政府信用普遍不高，且越向基层政府信用越差。之后，范柏乃等（2005）通过调查问卷的形式进行实证调查，结果表明地方政府的信用水平与政府层级二者之间呈现明显的正相关关系。由此可见，不同的实证调查起到了相互验证的作用。

第二章 文献综述：研究现状与理论评述

总体来看，我国政府信用存在的问题主要表现在以下几个方面：一是行政垄断和地方保护主义（沈海军，2003；安贺新，2005）；二是行政职权滥用和交易行为失范，具体指的是政府权力寻租和公共侵权（安贺新，2005；姚明龙，2005）、政策缺乏稳定性、连续性和透明性（沈海军，2003；刘永红、聂应德，2004；阮德信，2008）等；三是腐败成为社会的顽症，主要体现在政府官员直接贪污、侵占国家资产，直接获取私利和政府官员敲诈勒索、索贿受贿，收受第三方支付的贿赂，间接换取私利等方面（倪星，2009），使得政府信用的合法性受到质疑，政府公信力或威望下降（左昊华、林泉，2009）。过勇、胡鞍钢（2003）结合中国实际情况，提出中国腐败的主要根源是"行政垄断"，这也是地方政府信用缺失的主要表征。

相比之下，章延杰（2007）认为政府信用缺失主要表现在以下几个方面：公共权力行使不当、公共产品提供不足、社会秩序混乱无序、社会严重不公平、社会福利增长乏力。他主要是从政府信用缺失表现的结果视角反映的，具有一定的学术代表性，与前面许多学者提出的存在问题的表现有所不同。

三 政府信用的影响因素

政府信用始终贯穿于政府公共管理活动及其过程之中，也是政府能力的重要体现，与政府权力与职能有着密切的关系。分析地方政府信用的影响因素，既可以从政府职能的结构要素探讨，也可以从政府行为和政府权力的视角研究。

例如，王革、陈文玲（2007）从空间的视角研究了政府信用的内在结构，即政治信用、经济信用、文化教育信用、医疗卫生信用、司法信用等；同时也从时间的视角研究了政府公共管理活动过程信用，即信用决策、信用执行、信用监督、失信补救和惩罚机制等内容。冯木林（2008）在深度访谈的基础上总结归纳了影响地方政府信用的几类因素，包括行政管理信用、公共政策信用、政府监管信用、政府建设信用、公共服务信用、经济发展信用等。可以看出，无论如何划分与归类，这些影响因素大多与政府的基本职能有着密切的关系，二者的区别仅在于对职能界定的理解差异，我们把这种影响因素的分析称为"政府职能结构说"。

由于政府信用涉及政府行为、政府职权相关概念，也可以从政府权力规制的视角研究。理论研究认为，地方政府信用缺失通常与政府权力和政府职能过大有关，兰克和基弗对29个国家的实证分析表明，对政府行政权力的限制和司法独立程度与国民之间的信任度成正比（张维迎，2001）。由此可见，这类影响因素的关键在于政府权力或职责的界阈，政府权力的制约程度和司法独立程度是影响地方政府信用的核心，我们把这种影响因素的分析称为"政府权力制衡说"。

杨璐、李家军（2008）基于ISM模型对地方政府信用风险进行分析，并由此构建了地方政府信用风险系统的结构模型（见图2.2），这也是国内学者通过建立解释结构模型对地方政府信用风险因素识别和因果关系判断的主要代表。从ISM模型中我们可以看出，影响地方政府信用的因素主要包括官员自身素质（官员执法能力有限、行为短期化）、政府角色定位（政府地位非竞争性、角色错位）、集团经济利益（地方政府自利性）、考核监督机制（绩效评价体系不科学、市场发育不成熟）、社会制度（制度缺陷风险）等，它既考虑了地方政府的自身因素，又考虑了外在的环境因素。我们把这种影响因素的分析称为"政府成长环境说"。

之后，范柏乃、张鸣（2009）以世界银行全球政府治理研究数据库（2005年案例）和国家统计局的数据资料为基础，对正式制度、公共信息、经济利益及文化环境四个关键因素与政府信用之间关系进行了实证分析。研究表明，政府信用的影响因素主要包括正式制度和公共信息两个方面，这也是运用定量研究分析探寻地方政府影响因素的一个突破，是对ISM模型分析的一个继承，因为制度设计也是影响地方政府信用的关键，目前的制度缺陷造成了地方政府信用风险的产生。

对政府信用概念的理解偏差和研究政府信用的立足点不同，必然

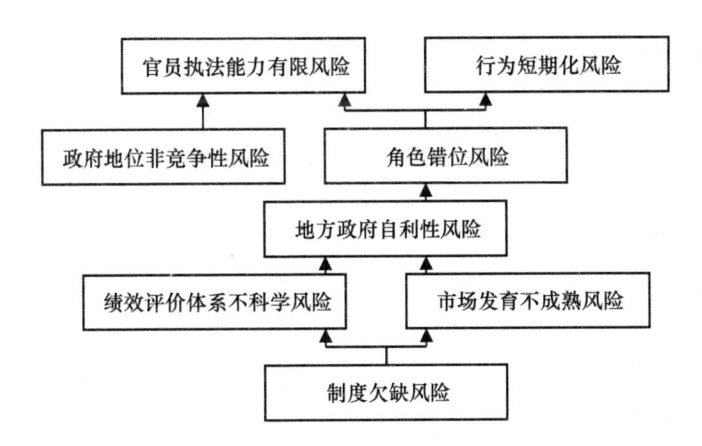

图 2.2　地方政府信用风险系统的结构模型（杨璐、李家军，2008）

导致对政府信用影响因素提取的差异化。总体来看，学者对政府信用影响因素分析主要基于政府信用的静态结构、政府权力的规制机理、经济契约关系以及社会信用环境方面，突出宏观与微观相结合的研究视角。

四　政府信用的实际测度

为了更好地对政府信用进行测度，许多国内外组织和学者在对政府信用影响因素剖析基础上，探讨了政府信用评价指标构建与测度的问题。相对而言，比较有代表性的观点有：

（1）政府信用的评价主要体现在经济信用领域。"标准—普尔"政府信用评价体系是目前世界各国通常采用的评价政府信用的测量工具，主要是对各国（或地区）政府按期限偿还债务的能力和意愿——对所谓的"信用风险"所做的评估（陈伟，2003）。"标准—普尔"政府信用评估机构是目前测定政府信用级别的相对权威的国际组织，它主要侧重于对中央政府偿债能力的测度，主要强调财政和货币政策两个方面，包括政治风险、收入和经济结构、经济增长的前景、财政弹性、中央及地方政府的债务负担、境外负债和或有负债、货币稳定性、对外流动性、公共部门的外债负担、私营部门的外债负担十个维度。之后，大公国际资信评估有限公司（2009）

颁布了《大公地方政府信用评级方法》，它主要是对地方政府偿还其债务能力和意愿的评价，地方财政状况、地方政府债务和地方政府治理三个方面直接决定了地方政府信用。该组织从区域经济、财政收入、财政支出、政府债务四个方面构建了地方政府信用评级操作体系的22个核心指标，以财务指标为主。它与"标准—普尔"政府信用评价体系具有一定相似之处。在具体实践中，湖北省开展了政府信用评价的有效探索，其基本出发点就是依照金融部门提供的记录对政府及公务员的信用进行评价，但这种评价方法不符合政府信用的本质属性。

（2）政府信用的评价主要体现在政府结构功能方面。例如，李长江（2003）认为地方政府信用的影响因素主要包括政府资质和政府行为两个方面，它构建了政府信用的基本模型，包括学历结构、年龄结构、政府决策效果、政策的履约率四个测度指标，主要采取主观经验判断的方法进行测量。然而，这种评价方法在实际数据的获取、处理过程中存在一定的困难，指标权重的分配缺乏科学依据，特别是缺少社会公众的评价，这些都是政府信用模型存在的一些缺憾，也是评价地方政府信用亟待改进的地方。之后，程宏伟（2005）利用隶属度分析、因子分析等实证筛选方法从管理信用、公共服务信用、经济发展信用、政府建设信用和政策信用五个评价领域构建了地方政府信用评价指标体系。李杨等（2007）按照全面性、可比性、科学性原则，从影响地方政府信用的政府公信度、经济发展水平和社会稳定程度三个方面，构建了地方政府信用评价指标体系。在此基础上，运用德尔菲法确定了综合评估值的权重和地方政府信用级别。

（3）政府信用的评价主要体现在民意测验方面。研究认为，评价一个政府信用水平的高低，首先应该对政府目标、行为等指标有一个总体评价，表2.2展示了美国调查公司在问卷中所采用的问题及长期跟踪调查的问卷结果。

表 2.2　　　　　　　美国民众对政府的信心　　　　　单位:%

问题陈述	公民同意率				
	1958年	1970年	1974年	1980年	1991年
政府浪费了许多金钱	43	69	74	78	75
政府是为少数大的利益集团工作的	24	50	66	70	70
你无法信任政府大部分时间做正确的事	23	44	62	73	70
像我这样的人对政府的所作所为没有发言权	31	36	40	39	34
政府官员并不在乎老百姓想什么	25	47	50	52	59

资料来源：戴维·H.罗森布鲁姆，罗伯特·S.克拉夫丘克（2002）。

民意调查在我国政府信用评价中的使用还很有限，但它已被政府和民众逐步重视并加以实践。在地方实践中，零点调查公司的"市长支持率调查"与北京市政府的"群众网上评政府"尤为引人注目。例如，零点调查公司在中国10个主要城市做了一项市长支持率的调查，内容包括市民对各城市市长在施政计划、施政表现、廉政形象和个人风格四个方面因素的了解程度和欣赏程度。

以上三种观点体现了政府信用评价的不同思路，目前学术界对于政府信用的评价大多停留在单一问题的测评，即"您对地方政府的信任程度"。笔者认为，政府信用的评价更多体现在对政府信用内涵与结构的解读，应从不同层面把握政府的信用水平，以期真实、客观反映不同地方政府信用。由于客观数据采集的限制，许多指标的测度大都采取问卷调查的方式进行，因此，本研究也将采用主观评价的方式对政府信用进行测量，具体包括政府能力和政府公信两个维度。

第三节　信用政府建构新视角的宏观回顾

信用政府的建设引起了社会各界的广泛关注，特别是西方国家政府信任程度的普遍下降以及我国地方政府信用的缺失，已经成为社会信用体系建设的关键问题。已有研究主要从新公共服务、委托代理、交易成本、政府治理等理论视角进行构思，在此基础上提出相应的对策建议，但忽视了外部社会资本因素的渗透作用。目前，有关社会资本与政府信用的关系研究还不够深入、透彻，作为信用政府建构的一个新视角，部分文献也提供了相应的理论支撑。本节主要对社会资本与政府信用的关系逻辑、信用政府建设的对策思考等研究文献进行概述。

一　社会资本与政府信用的关系逻辑

从已有的文献研究看，研究视角主要集中在社会资本与信任关系上，而专门针对社会资本与政府信用关系的研究较少。有的学者从微观基础研究，认为社会资本和政府信任之间关系的微观基础能够很好建立（Brehm and Rahn, 1997; Putnam, 2000）。有的学者从宏观基础把握，认为只有通过宏观设计才能真正找到社会资本与政府信用之间的关系（Lucke keele, 2007）。卢克基尔（Lucke keele, 2007）认为宏观设计抓住了社会资本总额的性质，也包含了社会资本变化的时空性质，进而认为社会资本可能是政府信用下降的动力，社会资本是政府信用的外生变量。他提出了两个假设：（1）公众对政府绩效认识的提升将导致信任的不断增加；（2）社会资本的下降将削弱政府信任，并将长期影响政府信任。

相反，政府信用也会影响社会资本。虽然已有的研究没有直接阐释政府信用与社会资本的关系，但是它从组织（政府）绩效的层面研究了二者之间的关系，因为政府信用是政府绩效的反映（卢克基尔，2007），特别是在微观分析中，政府绩效被看成是常数，我们所观察到的变化可能是由不同选民对于绩效的错误感知引起的，信任只是其中的一项基本要素（克雷默，1983）。组织理论表明，组织内社会资本是提高组织业绩潜在有力的资源，除此之外，也可能加强或削弱社会资本的作用。安德鲁斯（Rhys Andrews, 2010）运用面板数据模型分析了社会资本与组织结构绩效之间关系，研究结果表明：社会资本的认知与关系与组织绩效呈正相关关系；社会资本的结构与其没有显著相关关系。

值得一提的是，关于社会资本与中小企业信用关系的研究却有着

第二章　文献综述：研究现状与理论评述

探索与实践。陈晓红、吴小瑾（2007）运用因子分析法对某地区154家中小企业的社会资本进行测量，在此基础上对样本企业社会资本与信用水平进行了相关分析。数据分析显示，中小企业社会资本与企业信用水平有较强的正相关性，特别是中小企业社会资本结构因子的解释力较强。可以说，这无疑对社会资本与政府信用的关系逻辑具有借鉴与启发意义，特别是定量分析工具的运用也对本研究具有重要的指导作用。

二　信用政府建设的对策思考

如前所述，尽管国内外学者研究的路径不同、方法不同、视角不同，但无疑都体现了由单一、具体化向多元、复杂化发展的研究趋势。无论是政府行政向公共领域的扩散还是行政权力的自身异化，无论是政府能力的低下还是制度环境的缺失，种种关于政府信用缺失的逻辑解释都是分析政府信用现状原因的力证，在此基础上都提出了相应的治理对策。

从国外有关研究看，皮埃尔（J. Pierre, 1995）认为，政府为提升信任度，应将公民视为消费者或者顾客，以新公共服务理论为基础提出"公民中心"、"顾客导向"、"顾客至上"等观念，强调公共部门对顾客负责，从而提高行政体系对外在环境的敏感度和回应性。加森和威廉姆斯（Garson and Williams, 1987）提出"公民参与"，即在政策的执行和管理层面，政府应提供更多的公共政策反馈渠道回应民意，并使公众能以更直接的方式参与公共事务。这种回应式的公民参与在一定程度上反映了公民社会的兴起和社会资本力量的崛起。此外，西方学者还认为，通过公共服务质量的改善能够提升社会公众对政府的信任态度，主要侧重于实施标杆管理（benchmark）、质量保证措施（quality assurance）以及借助现代信息科技的力量等（Walters J., 1994）。之后，罗森布鲁姆（Rosenbloom, 2002）认为，信用政府的建设必须提升政府行动效能，通过政府部门放松管制释放公共部门蕴藏的能量，从而激发政府的活动创造力。这也说明加快政府职能转变，对于提升政府公信和信用能力的重要性。

从国内有关研究看，主要从法律制度建设和社会秩序重构两个方面提出了相应的对策建议。例如，钱晴等（2003）认为，建立政府信用评估制度、政府失信惩罚制度、舆论监督制度以及对政府运作体制进行改革，是信用政府建设的主要内容。范柏乃（2005）认为，信用政府的建设需要在公共生活秩序方面进行一系列的制度创新，主要包括外部制度环境的优化、公共政策实施的相关制度创新和政府信用责任机制的建构。总体来说，已有关于信用政府建设的对策繁多，主要体现在以下几个方面：一是完善制度设计，即加强政府权力的制约与监督（王存河，2004；王颖，2008）；二是合理定位政府职能，有效规范行政行为（孙智英，2003）；三是改进行政作风，加强公共监督，规范国家公务人员的道德行为（石本惠，2004）；四是构建社会信用体系，创造良好的政府信用外部环境（李晓玉，2006）。

国内外许多学者关于信用政府建设的对策建议，在地方政府治理和绩效改进中取得了一定成效。然而，政府信用危机的不断显现也说明内在政策运行的不协调，无法满足转型时期政治经济体制改革的需要，尤其社会建设的短板直接成为影响政府信用的重要因素。社会公众对地方政府的不信任，以及政府自身能力的局限性，都制约着信用政府的宏观建构。如何在官僚体制变革的同时积极寻求外生力量的支持，已经成为新时期信用政府建构的关键。

第四节 文献述评

信用是市场经济的基石，政府信用则是整个社会信用制度的内核。国内外许多学者围绕着信用政府这一主题进行了详细阐释。理论上讲，政府信用源于人际信任，进而涉及社会资本的概念。因此，基于社会资本与政府信用关系视角，研究信用政府的建构更具焦点性。

从已有关于社会资本研究文献看，社会资本的概念使用至今也就30年的历史，但在社会学和公共行政学领域却产生深远影响。社会资本研究范式经历了社会网络、社会结构关系、社会资源能力的转变，体现出西方学者研究视角的多元化。在此基础上，有些学者研究

第二章 文献综述：研究现状与理论评述

了社会资本的变迁路径，基于历史的视野从定性研究角度探寻了社会资本的形成、发展与衰落；也有些学者对社会资本如何测度进行了探索，由最初的理论结构模型到定量分析，由单一的回归分析到面板数据分析，从定量研究角度揭示了社会资本与经济发展、社会稳定、政治民主的内在关系。之后，国内学者着重从企业、社区社会资本的角度研究了社会资本对企业社会资本的获取、社区人际信任等影响。由此可见，虽然对社会资本的概念学术界没有形成共识，但是针对社会资本的研究已经比较广泛，相关的文献纷繁浩杂，为本研究的开展奠定了坚实的理论基础。

从已有关于政府信用研究文献看，政府信用研究也是一个古老而又富有时代气息的话题，西方学者主要从公众对政府信任维度展开研究，但政府信用主要局限于政府的经济信用范畴，因而在概念属性的界定上与国内学者有所差异。可以看到，西方学者对于政府信用问题的研究相对比较成熟，有着深厚的理论基础和研究方法，主要涵盖政治学、经济学、心理学、社会学和公共行政学等领域。近年来的研究表明，世界各国政府的信用已呈现出下降趋势，可以说，这不仅是中国政府面临的问题，信任危机已经成为世界各国极为关注的问题。寻找政府信用缺失背后的逻辑成为当代学者一大使命。国外学者主要从政府绩效的下降、行政权力的衍生等方面解释；国内学者主要从权力寻租、制度规范、"经济人"假设等方面解释，总体呈现出多视角、宽口径的研究特点。在此基础上，一些国际组织、咨询机构及部分学者对影响政府信用的主要因素进行量化，构建了一系列的评价指标模型。然而由于指标的适用性问题，学术界没有形成一套合理、科学的政府信用评价指标体系。

据不完全统计，近十年来，以"政府信用"和"政府信任"为题目的核心中文文献有127篇，SSCI收录的英文文献有104篇；以"社会资本"为题目的核心中文文献高达918篇，SSCI收录的英文文献有2504篇。这些都充分体现了阶段性的研究成果，然而，已有学者关于政府信用的研究还不够深入。国外学者主要侧重于信任度调查研究，从定量分析角度研究变量之间的关系，通常采用方差检验、多元回归分析、Logistic 回归分析、因子分析等研究方法,这对于本研究的调查问卷设计与研究方法选取起到较好的借鉴作用。国内学者主要是围绕政府信用的现状及原因、信用缺失的逻辑、国外社会信用制度的总结与借鉴、建设诚信政府的意义、政府信用的评价等方面展开,以定性研究为主。总体来看,已有研究基本涵盖了政府信用的相关方面;但很多研究仍浮于表面,研究问题缺乏焦点和基本假设,没有形成一个系统的、符合理论逻辑的分析框架。

信用政府建构的研究已在很多文献中有所涉及,然而,基于社会资本与政府信用关系视角的研究尚处于起步发展阶段,二者之间的内在逻辑虽然在已有文献中都有所涉及,但已有研究的关联度不够紧密,没有进行综合分析,缺乏总体的研究框架。社会资本在很大程度上是由社会规范、宗教、信念、价值观等文化道德因素决定的,政府一时难以改变这种文化环境,但是政府在很多方面是可以提升社会资本的(张克中,2010)。迄今为止,国外部分学者对于这个问题进行了一定的探索,以卢克基尔(2007)为主要代表,但是立足中国国情还有进一步的研究空间,这也成为本研究进行深度分析的理论支撑。

第三章　社会资本与政府信用的关系：信用政府的分析框架

转型时期的中国正面临着来自变革思潮的冲击，新公共管理运动正在由西方民主国家向东方文明古国沿袭，处在社会结构转型和价值秩序转型背景下的中国政府也同样遭遇信任危机的考验。服务政府、法治政府、责任政府、廉洁政府……冠以不同称谓的政府标签，是政府演进发展的基本特色。无论何种类型的政府，在现有体制框架内，最为基础、影响至深的仍然是一种社会信用制度。因此，建构现代意义上的信用政府是破解体制性障碍的突破口，是现代公共行政的逻辑起点。信用政府的建构，不仅依赖于政府信用体系的自我完善，还要依赖于区域社会资本的培育。它是维系社会信任纽带、获取区域发展资源、调节社会结构的重要力量。伴随着公民社会的不断成长与壮大，社会资本对地方政府信用的影响更为显著。从社会资本与政府信用关系的视角考察信用政府的建构，将成为一种新的理论分析框架，是社会资本理论运用于公共管理领域的一种尝试。

第一节　社会资本的嬗变

改革开放 30 多年来，经济体制实现了由计划经济向社会主义市场经济的转轨，政治体制也正面临着社会结构的转型与行政管理体制的改革，反映在政府层面表现为民主性、公正性与正义性。社会资本作为公民社会成长的加速器，在 30 多年的社会发展与变迁中逐步壮大，成为在中国特定历史语境下引领政治、文化和经济多重转型的重要力量。同样，政治生活领域的深刻变化，诸如政府机构改革、利益结构调整、价值观念多元化等，这些时常牵动国家机器正常运转的"神经元"，也加速了社会资本的嬗变。

社会资本作为一个在20世纪80年代迅速兴起、繁荣甚至狂热的词汇，至今仍然有着持续旺盛的生命力。社会资本是在民间社团组织中逐步发展起来的，后来逐渐扩展到企业和政府组织，影响着地方政府行为。前已提及，社会资本是基于信任关系的社会群体及成员在特定的社会规范指引下相互交往、合作形成的一种网络关系，因此，社会资本的嬗变主要表现在以下三个方面。

一 信任关系：从人际信任到组织信任

信任是一个复杂的社会与心理现象，也是社会资本的重要构成要素之一。一般来说，信任是一个行动者评估另外一群行动者将会进行某一特定行动的主观概率水平，这种评估在一定情境下作出并影响该行动者自己的行动（迪戈·甘姆贝塔，2000）。可以看出，信任包含着个体对他人行为的一种预期，这种预期带有某种概率风险，它是理性个体各方在反复多次博弈中所达到的一种均衡状态。人类的交往与联系都是建立在信任纽带基础上的，信任关系是整个人类社会的黏合剂，也是社会组织分工合作的重要前提。作为社会资本的信任关系，是个体之间经过长期互动与合作的产物。信任产生的过程也是行为主体各方摒弃机会主义的长期坚持，是着眼于长远利益而忽视短期利益的合作成果，这也是建立人际信任和组织信任的理论基础。

人的历史发展都遵循由单一个体到无序群体、由无序群体到有序组织的演进规律，这是人类生存与组织成长的自然法则。因此，信任关系的产生是沿着人的历史发展轨迹逐渐延伸拓展的，与马克思所概括的"人的三个发展阶段"① 社会关系特点相适应。按照彼

---

① 马克思把人的历史发展过程概括为三大阶段："人的依赖关系"占支配地位的阶段、"以物的依赖性为基础的人的独立性"阶段、建立在个人全面发展基础上的人的"自由个性"的阶段。

得·斯托姆普卡（2005）的归纳，几种主要的信任客体包括：他人、社会角色、社会群体、机构组织（程序）、技术系统乃至社会系统、社会秩序或政权制度的总体品质。不难发现，这个客体群也具有从具体到抽象、从个体化到社会化的排列特征。无论是人类发展的宏观层面还是信任客体排序的横截剖面，社会资本中信任关系都是以人际信任为圆心、客体范围为半径，存在一个渐进的、延展的同心圆。随着社会结构的分层，特定的历史背景与习俗文化也逐渐影响了信任关系的发展，可以逐步窥测到从人际信任到组织信任发展的演进轨迹。

（一）人际信任——特殊主义的信任关系

传统农业社会是分散的、相对封闭的熟人社会，人们相互的熟悉程度成为对未来预期行动作承诺的先决条件。它存在于血缘和地缘的自然基础上，人们的互动和交往范围只局限在其家庭内部或与自己有血缘关系的群体内部。这种以人格化为显著特征的信任关系正是传统中国社会信任关系的生动刻画。建立在自给自足的小农经济和家庭血缘关系基础的乡土文化，是塑造特殊主义信任关系的社会土壤，在传统的中国社会关系中占有重要的支配地位。人们以这种血缘关系为基点，通过各种关系路径将其逐渐衍生到与自己没有血缘亲属关系的其他人际交往中，突破了血缘亲属信任的单一人际信任范畴，形成了一种人伦关系的信任。它是以亲情为基础、以道德等非正式制度为依托的信任关系，这种信任关系显得相对封闭、延伸半径较窄，人际信任仅考虑亲缘生疏，这种衡量标准必然导致预期行为决策的偏失，影响社会结构的稳定。然而，在多元价值冲击和市场经济社会的今天，这种在特定社会土壤中孕育的人际信任仍然残留着"关系本位"的痕迹，信任结构的逻辑没有发生实质性转变。例如，社会公众对政府公务员的信任在很大程度上维持着亲疏有序的关系格局，而很少关注其工作实绩，除非与他具有某种亲缘关系。这样的特殊主义信任关系在某种程度上将影响信用政府的建构。

（二）组织信任——普适主义的信任关系

缺乏普遍和共同的价值信仰，以及传统封闭的小农经济意识，割离了特殊主义信用结构扩展的路径。家族信任是社会资本中信任关系从人际信任转向组织信任的缓冲区。正如有学者所指出的,家族信任是一种原始的自然信任状态,它作为一种社会资本,只在特定的小群体内发挥"俱乐部产品"的作用。而且,它可能会与建立在法律制度之上的社会信任[①]产生冲突(李新春,2002)。由传统农业社会向现代工业社会转型,其背后蕴含着经济体制的变迁、价值观念的变迁,它给人类的行为方式、价值信仰体系乃至整个精神世界带来了前所未有的冲击,信任关系的基本准则受到挑战。改革开放30多年来,中国社会流动性与异质性的增强,为组织信任的创造提供了新的制度环境,同时也造成了大量机会主义行为,信任危机就是社会转型过程中不可避免的阵痛。然而,人们在现代社会中逐渐寻求一种新的交往方式,渴望建立更为广泛的联系,渐渐地冲破了家族信任的藩篱,普遍意义的组织信任模式正成为新的选择,它凭借稳定、透明和可以预期的特性在中国平稳着陆。在这种信任结构中,人们的信任往往不再指向具体的人,而是指向某种抽象的非人格化的社会规范。因此,现代社会的信任机制,是与现代性制度体系相联系的"抽象体系中的信任机制"(吉登斯,2000)。这种普适主义的信任关系也成为提升组织绩效、减少交易成本的决定性因素。

二 社会网络：从单一网络到复杂网络

社会网络是社会个体成员之间因为互动而形成的相对稳定的关系体系,社会网络关注的是人们之间的互动和联系,是社会资本的又一重要构成要素。这种关系体系是基于相同的价值观、态度、抱负而把一个人同其亲戚、邻居和朋友等社会性组合起来。因此,社会网络是以关系网络存在的,关系网络创造了一种解决社会问题的有价值的资源,并向成员提供集体所有的资本,即成员相互信任的

---

① 这里所提及的社会信任可以理解为组织信任,它是在一定社会规约框架内形成的一种普遍意义的群体组织信任。这种组织信任也是现代意义上的信任关系。

第三章　社会资本与政府信用的关系：信用政府的分析框架

可信度（皮埃尔·布迪厄，1986）。它强调网络结构环境影响或制约着个体行动，社会结构决定二元关系的运作，行动者之间的关系是资源流动的渠道，规范产生于社会关系系统中的各个位置。社会网络的形成源于社会交换，其中，交换者与交换者各自所拥有的资源成为社会交换的前提，是社会网络构建的必要条件。社会网络最为重要的功能，就是充分整合网络体系内个体的资源容量和群体的利益需求，通过网络的扩散与传导实现资源配置，降低资源获取的交易成本与内部耗散。

社会资本为信用政府的建构奠定了外在支撑。它必须依靠一个庞大的关系网络，这种网络的基本特征体现在网络资源和网络规模两个方面。网络资源是考察社会资本存量的重要因素，也是衡量区域社会资本发育的基础指标，而网络规模体现了网络链路的有效畅通与网络空间的合理分布。随着社会个体对资源汲取的不断扩大、信任关系结构的逐渐稳固以及社会分工交换的日益频繁，社会网络进入了社会公众视角，实现了从单一网络到复杂网络历史性跨越。

（一）单一网络——"偶发性"的触动

社会是由众多个体构成的，个体之间的有序行动导致了不同类型的联系方式，因此，社会网络的构成对于一个区域的经济社会发展至关重要。传统农业社会中，社会网络与信任关系的形成环境具有同一性，以血缘亲属关系为特征的人际信任决定了个体之间的交往必然停留在与自己关系密切的、封闭的社会网络中，信任关系的延展度决定了网络规模的大小，而个体成员的自身能力决定了网络资源的多少。单一网络是社会网络形成的基本状态，具有一定的"偶发性"。为了实现自身的工具性价值，个体行动者对其周围的关系主体进行不断的投资，使它成为可靠的资源，而这样的初始投资仅是对于血缘亲属关系（如亲戚、同事、邻居等）的信任与认同，换言之，它是一种"偶然"的、非功利的投资。单一网络由于受到历史环境、经济水平和社会价值等影响，忽视了大规模的社会公益问题，正如费孝通（2007）所言，中国的社会结构是差序格局。亲属关系就是根据生育和婚姻事实而产生的社会关系。差序格局深刻地表达了中国社会关系网络的特征。以差序格局形成的社会网络是以家庭信任为前提的，它往往是以单一网络形式出现的。由此可见，单一网络在网络节点上凸显了分散性和单维性，在网络结构上凸显了有序性和规则性，"偶发性"的投资与交换间接地开启了社会网络的"触发器"。

（二）复杂网络——"结构洞"的诱发

殷实的财力保障和强大的科技实力，缩短了社会个体、组织交往的时空距离，在很大程度上改变了传统的社会格局，社会网络已经由家庭为核心逐渐向外拓展。从社会资本发展看，基于传统社会网络的社会资本及结构规则在改革初期发挥着约束个体行为、维系人际关系、维护社会稳定的作用。家庭团体派生的其他社会组织已经在组织信任关系基础上不断丰富和完善。社会网络已经实现以血缘、亲属为核心的单一网络向以地理位置、社会规则为内涵的复杂网络转变，特别是在市场经济和社会民主的催化过程中，公民社会不断成长，企业、社团等现代意义的社会组织不断繁衍。在此情况下，这些"法人行动者"逐步行使了原先由家庭和社区行使的职能，但它永远不能取代原始性的社会资本（詹姆斯·科尔曼，1990）。现代社会的复杂网络延续了传统社会单一网络的特点，不可复制的资源获取方式和特殊的网络形成机理仍然是当今转型时期中国社会资本的一大特色。复杂网络自身在发展过程也面临着新的挑战：处在多维网络空间中的个体和组织的支点何在？信息和资源流动如何控制？……随着网络节点的增多，信息和资源自由流动的路径受到节点设置与节点密度的影响，并非网络中所有的节点都是相联系的，没有相互联系的节点就形成了"结构洞"（罗纳德·伯特，1990），而它在整个网络中占据着特殊的位置，这一位置可以使它拥有直接享用社会网络系统中所有资源的优势。由此可见，复杂网络在网络节点上凸显了密集性和双向性，在网络结构上产生混沌状态。复杂网络中的关键性节点更多地获取了非重复性资源的机会，自身也相应地具备适应组织发展与扩张的规模。"结构洞"是现代社会复杂网络的特点，直接诱发对于社会资源汲取者的思考——地方政府的招商引资、政治晋升"锦标赛"、资本市场的垄断行为，等等。

三　社会规范：从隐性规约到显性制度

社会规范是人类在社会实践中不断总结、凝练出来的，用以调节人与人之间、人与社会之间关系的各种行为准则的集合。社会规范的产生源于人们对秩序和自由的基本需求。秩序是人类赖以生存的最基本前提，无秩序的混乱将直接对个人的生存产生威胁，最终导致人类社会的分崩瓦解。如果不存在秩序一贯性和恒长性的话，则任何人都不可能从事其事业，甚或不能满足其最基本的需求（哈耶克，1997）。同样，自由是人类发展的主要推动力，凡是不以本人性格却以他人的传统或习俗为行为准则的，就是缺少着人类幸福的主要因素之一，而缺少的这个因素同时也是个人进步和社会进步中一个颇为主要的因素（约翰·密尔，1986）。社会发展离不开信任与合作，但同时也需要一定的规范将组成社会的不同元素置于一种有序的状态下，而信任就是建立在这种社会秩序之上的（郑也夫，2006）。因此，社会规范是社会资本的第三个重要构成要素，它的形成不是一蹴而就的，而是对于社会共同价值的不断认同，在此基础上形成一种契约关系并为人们所普遍遵守和认可，在社会生活中约束着人们的行为。

作为构成社会资本的唯一制度要素，社会规范是建立信任关系的规则，是构建社会网络的代码。从普遍的意义上讲，制度可以看作是一个社会的游戏规则（柯武刚、史漫飞，2001），是社会个体所必须遵循的一套行为规范。无论是正式制度还是非正式规则，它们对于一个完整社会秩序的维持都是一种不可或缺的力量。社会规范最初主要集中在非正式制度层面，是由人们的经验逐渐演化的，随着社会发展的日益复杂，社会民主法治进程的不断推进，原有的社会规范逐渐由非正式规则向正式制度转变，即实现了从隐性规约向显性制度的转变。

(一)隐性规约——传统文化的传承

国家与社会的分离,是一种社会历史现象,是人类社会发展到一定历史阶段的产物。政治国家的诞生也就意味着"政社分离"的历史帷幕已经开启。由此可见,在国家与社会二者之间,社会的产生要先于国家,可以推导出,最初用于约束人们行为的社会规范应该来自社会层面的非正式规则——"隐性规约"。这种隐性规约在国家产生之前的很长一段时期内成为维持社会秩序的重要法则,它既包含了人类日常实践工作的经验积累,也受到传统文化思潮的影响,形成特有的社会规范。然而,隐性规约却不可避免地存在着难以逾越的缺陷与不足,例如,规约比较模糊、主观,推崇神灵力量,群体排外严重。中国人自古以来就缺乏具有广泛参与性的公共生活传统,即缺乏家族以外的公共生活的经验积累(何显明,2007),反映在文化层面突出地表现为"老死不相往来"、"夜郎自大"、"中庸之道",等等。群居部落的生活习俗、信奉神灵的精神寄托,特定的生存空间与狭隘的思想观念导致人们之间的交往与联系的范围相对较小,尤其值得关注的是,自给自足的小农意识("草民观念")和对权力无限追求的"官本位"意识在转型时期的今天仍然存在,影响了信任关系维系和社会网络重构,使得社会资本在中国尤其是西部地区发育不成熟,"关系人情"的狭义理解阻碍了社会资本在西部土壤的生根。

(二)显性制度——公共精神的培育

社会规范是以社会民众的自治规则为基础的,也是在社会自治组织运作中孕育而生的。经历了国家与社会分离的历史变迁,隐性规约的调节引导功能已经不足以维持人们交往联系所必需的社会秩序,现代关系网络的复杂结构使得交易成本日益上升,隐性规约在现代社会力量的发展中已经走向衰退,这是一种社会的进步,也是历史发展的必然。在国家(政府)法律制度框架下,一种显性制度逐渐从幕后走向前台,成为支撑社会资本的基石。一般意义的正式制度(显性制度)在处理机会主义行为和实行有效激励时,以增进公共利益最大化的行为在集体行动中起到了引导作用,这也是对"集体行动的逻辑"① 的最好诠释。良好的正式制度被赋予一种精神、一种气质、一种模糊的道德理论、一种观念导向或一种处理社群生活的略带偏爱方式的观念。这种暗含的规范意义以及我们假定它对于其他人所具有的道德合理性使我们信任那些处于相同制度中的人（克劳斯·奥弗，2004）。由此可见，现代社会的显性制度构建更是一种公共精神的培育。在公民社会中，个体与个体、组织之间的交往，更加注重公共利益的攫取和公平正义的维护，强调开放对话、思想互换、彼此理解和平等协商。随着自治组织在时间上的延长和空间上的拓展，以显性制度为主要代表的社会规范将更加趋于完善，成为影响信用政府建构的外生力量。

第二节 政府信用的效应

现代市场经济是一种高度发达的社会分工体系，市场主体之间由于市场交易形成了错综复杂的信用关系。要保证市场经济的持续健康发展，必须有一套规范有序的社会信用体系。政府信用是整个社会信用体系的一个特殊范畴，处于社会信用体系的核心，它不仅对信用政府的建构具有重要的推动作用，也会对经济社会发展产生深远影响。因此，政府信用水平关系整个社会生活秩序，是信用政府建构的内生因素。

在剧烈的社会变迁过程中，几乎所有的转型国家都不同程度地存在着公众"缺乏对国家的信任并感到不能依靠法律的力量"的现象

---

① 奥尔森以"集体行动的逻辑"（The Logic of Collective Action）说明了个人理性不是实现集体理性的充分条件。他认为，"除非一个集团中人数很少，或者除非存在强制或其他特殊手段以使个人按照他们的共同利益行事，有理性的、寻求自我利益的个人不会采取行动以实现他们共同或集团的利益"。因此，要实现集体效用的目标，组织成功的集体行动，必须存在一套健全的、有约束力的奖惩规则，以此来超越集体行动的障碍。本研究在对社会资本的阐述中也提及，社会规范是有序集体行动的保障，建立在信任关系基础上的社会网络运转，从某种意义上讲，就是一种网络内的集体行动，通过个体、组织之间的交流、合作，创造更多的社会资源，最终实现社会网络总效用的最大化。笔者认为，这样的行动逻辑也同样适用于政府组织，通过培育社会资本影响政府自身信用，进而建构信用政府。

(张超等，2008)，这也是对政府信用现状的基本描绘。前已提及，政府信用指的是建立在契约关系基础上的政府履行职责和行政承诺的信用能力，它通常以政府行为和政府官员态度的形式表现，主要包含两个要素：政府能力和政府公信。受科层制结构影响，政府信用水平呈现显著性差异，因此，本研究的视角定位于地方政府信用。政府信用的特殊性使其受到广泛的关注，地方政府信用的存量状况和变化趋势成为信用政府建构的又一焦点，从而引出政府信用的效应问题。政府信用的效应可以从两个层面来理解：一是基于政府信用生成的考量，即政府信用的示范效应；二是基于政府信用缺失的考量，即政府信用的"蝴蝶效应"①。

一 示范效应：政府信用生成的考量

政府是一个特殊的社会组织，一个特殊的社会行为主体。它拥有社会让渡的公共权力，是公众利益的捍卫者，代表人民行使权力、治理国家。政府与社会公众之间的关系是一种特殊的委托代理关系（阮德信，2008）。可以说，契约文明构成了特有的信用文化，成为一般意义上信用生成的关系法则。政府信用体现的是国家权力得到公众的信任状况。如何更好地行使人民赋予的公共权力、履行公共责任、增进社会福利，这些问题已经成为信用政府建构探索的实现路径。政府组织的特殊性、官僚体制的复杂性、信用价值的基础性，决定了由特殊组织与普适价值结合形成的政府信用具有强烈的示范效应。具体而言，政府信用的示范效应体现在组织环境变迁中的引领作用。这里，主要是从政府信用生成的视角考量。

政府信用的产生与发展离不开特定的历史背景和社会条件，伴随

---

① 蝴蝶效应（The Butterfly Effect）是气象学家洛伦兹在 1963 年最先提出的，初用于对气候变化的解释，后来逐渐运用于系统动力学和混沌学。它是指在一个动力系统中，初始条件下微小的变化能带动整个系统的长期的巨大的连锁反应，这是一种混沌现象。在社会学领域用来说明，一个坏的微小的机制，如果不加以及时地引导、调节，会给社会带来非常大的危害；一个好的微小的机制，只要正确指引，经过一段时间的努力，将会产生轰动效应，或称为"革命"。本研究主要侧重于政府信用缺失的危害影响层面。

第三章 社会资本与政府信用的关系：信用政府的分析框架

着社会信用环境发展而不断成长，而这里所讲的社会信用环境表现为市场，它是在社会主义市场经济体制中孕育的特殊环境，是一种与以往区域封锁、交易效率低下截然不同的适合政府信用发展的环境。

政府信用的生成源自内生制度供给和"合法性"获取。新制度主义代表人物之一约翰·迈耶（John Mayer）认为，组织要面对两种不同的环境：技术环境和制度环境。技术环境要求组织效率的最大化，而制度环境要求组织行为要符合"合法性"要求。组织的合法性过程就是组织或组织中的个人不断地接受和采纳外界公认的、赞许的形式、做法或"社会事实"的过程。政府作为公共权力机构，其组织行为和权力行使必须符合政治合法性的要求，确保其政府行动的合法性。社会契约论和人民主权理论奠定了政府合法性的理论基石，它的根本问题是人民对于一个政权统治的认可问题。于是，在这个一致同意的契约基础上建立起来的公共权力也就是政府，因此，社会公众以社会契约的形式将行政权力让渡给地方政府行使，期望获得能够维持其利益的公共产品。政府按照公平正义的行政价值理念履行职责，进行社会管理和社会利益的整合。同时，为了防范权力的失衡和滥用，其行为还受到专门的监督机构和社会媒介的监督，使其行政行为受到合理的规约，从而形成了一个稳定、有序的政府行动过程框架（见图3.1）。

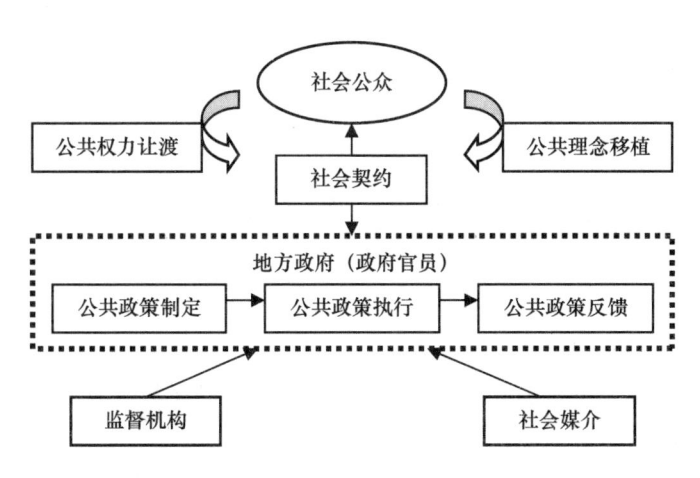

图 3.1 稳定、有序的政府行动过程框架

稳定、有序的政府行动过程从制度环境的视角解释了"合法性"存在与获取的政治逻辑，从关系纽带维系和公共权力制约两个方面确保了政府行动过程的稳定和有序，是对政府信用内在生成的演绎。此外，政府信用的生成依赖一定的载体和约束机制。在社会演进过程中，信任与合作作为集体稳定的策略会渐渐灌输于整个群体内的某种载体和机制上，于是，文化、组织、制度以及宗教伦理道德等便演化为维护稳定策略的思想载体和行为约束机制（威尔逊，1998）。这样一个政府行动过程框架，对维护整个社会信用体系起到了重要支撑作用，它是建立在一定信任关系和社会规范基础上的。换言之，理论意义上，政府信用的生成离不开区域社会资本的影响。具体来说，现代社会文明的进步打破了传统社会组织格局，人口的高度流动和纷繁复杂的交易网络，使得传统社会的人际信任保障机制面临诸多困境。一种匿名社会非人格化治理模式①成为社会信用体系的重要保障机制，也必然影响政府信用。

二 "蝴蝶效应"：政府信用缺失的考量

在经济社会发展的不同阶段，政府职能行使的空间领域与方式手段有所不同。社会转型的特殊时期，政府面临着多重角色转换与职能方式转变，在破旧立新的转型过程中，不可避免地引发了信用问题：政府信任危机已经在世界各国蔓延。目前，我国地方政府信用缺失的现象相对比较普遍，主要是通过形象化的政府官员和抽象化的政府表现的。比如，一些地方政府官员不能依法行政，存在着有法不依、执法不公的现象，践踏了国家法律政策。一些地方政府官员的道德素质低下，存在行政不作为，滋生了各种形式的腐败。地方政府政策缺乏稳定性和延续性，政府制定决策时缺乏责任和利益约束，往往只考虑本届政府的政策行为，以致政府领导换届出现了许多"新官不理旧事"的现象。地方保护主义严重，阻碍了区域要素资源的流通，有

---

① 匿名社会非人格化治理模式主要包括专家系统、正式制度和司法系统等。本研究中借鉴了这一概念，特指社会资本中的社会规范要素。

第三章 社会资本与政府信用的关系：信用政府的分析框架

些地方政府为了制造虚假政绩，强迫银企合作，迫使银行给无市场前景的企业项目贷款，换取所谓的 GDP 增长。可以说，政府信用的缺失不仅影响了政府自身形象，还涉及整个社会信用体系的建设，甚至会引发政治合法性危机。倘若政府信用缺失问题不加以重视、合理引导，会给整个社会系统和国家政治稳定带来极大危害，形成社会学中的"蝴蝶效应"。这里，主要是从地方政府信用缺失的视角考量，以权力成长规约的静态分析工具和以耗散结构理论为代表的动态分析工具诠释"蝴蝶效应"的发生机理。

（一）地方政府信用缺失的成因

地方政府具有相对独立性，意味着地方政府也具有自身利益，它需要同周围的其他"经济人"发生关系。在社会资源的群体性分配过程中，政府往往凭借自身权力占据主导地位，限制和拒绝了市场自身的规则，不仅破坏了市场自身的信用，也会使政府走向失信之路。权力体制的弊端和市场主体的理性选择，使得有些政府部门、官员把政府公共信用当作个人利益交换的筹码，随心所欲地变更行政行为，而市场中的信用信息不对称也使得惩罚机制难以发挥作用，导致的后果必然是发生大量的政府失信现象。所有这些失信行为是由多方面因素造成的：既有经济体制转轨过程中的问题，也有传统文化遗留影响的问题，还有公共权力膨胀性的问题，更有他律监督机制不健全的问题。具体而言，主要包括以下几个方面：

（1）市场经济人自利性。市场经济人具有自利性，其追逐的利益具有物质、精神的多层次性和多层利益的优先排序问题；同时能通过成本—收益博弈追求利益最大化，且这种最大化利益组合随其发展而变化，并受经济人有限理性制约。政府官员是地方政府的主体，也是理性的市场经济人，现实生活中一个人不可能脱离他的个人利益而存在。毋庸置疑，政府官员个人也是现实经济关系制约下的、与社会中其他人没有本质区别的个人（董建新，2004）。因此，由政府官员所组成的地方政府也必然具备作为经济组织的条件和特征，地方政府在追求公共利益最大化的同时也要实现个人利益的最大化，从而出现政府行为越位和信用缺失。

（2）行为主体强势性。由于受传统权力观念的支配，相当多的政府官员认为政府权力是无限的和不受制约的，一些人甚至认为政府为了公共利益而行使职权，有不讲信用的特权；加之我国的市场经济仍然是政府主导的经济，政府在制定决策时没有责任约束，即使决策失误政府也没有责任，行政赔偿制度也很不完善。如果一个国家的社会结构中各方力量不均衡，就可能导致权力得不到有效约束，使得地方政府在决定和管理一个较小地区的公共政治过程中始终处于强势支配地位，享有各个方面的优先权，包括政治、经济、文化及信息等方面，也享有国家法律和公共政策制定与执行的权力。

（3）监督力度弱势性。由于地方政府的权力配置不合理，现有的监督制约机制不健全，使得对权力的规约作用没有得到充分发挥。国家权力机关的监督还存在不少缺陷，诸如规定不够具体、可操作性不强等，导致监督乏力、流于形式。司法监督还存在不少问题，影响了其监督制约功能的发挥。行政机关内部的监督存在着监督机构重叠、分工不明、职责不清以及监督效力与效果不理想等问题。诸如人民群众监督、社会团体监督、新闻舆论监督等形式的社会监督，缺乏相应的制度保障，其主体的监督意识以及监督的积极性与主动性有待提高。也正是因为政府的失信没有受到惩罚，或者说惩罚力度太弱，更加扩大了权力的泛滥，使得政府信用受到公民质疑。

（4）公共信息不对称性。信息不对称现象源于市场经济环境中利益和制度选择的结果，最终导致资源配置效率的低下。由于政府自身的权力优势和技术优势，使其所提供的公共产品或公共服务在质量、性能等方面享有充分的信息优势，而公众本身所拥有的知识和信息相当有限，加之虚假、失真信息泛滥，自身个体又存在"搭便车"的心态和行为，没有采取统一集体行动的强大动力，使得公众总是处于信息劣势地位，存在严重的信息鸿沟和知识差距。这种持久的公共信息不对称必然会导致信用危机的出现，致使社会交易成本增加和契约交易链的中断。

（5）信用文化缺失性。信用文化是伴随着市场经济的发展在社会交往中逐渐积淀形成的，也是市场经济所要求的信用文化环境。一个讲信用的政府必然会积极营造良好的信用文化氛围，同时也应承担相应的政治责任，制度学者认为，信用政府，不仅是一个主动承担内在责任的政府，更主要的还是一个在制度上受到刚性约束的政府（毛寿龙，2004）。由于我国市场发育不够充分，信用经济发育较晚，从而导致整个社会的信用观念和契约责任意识淡薄，社会主体便普遍缺乏守信意识，政府也不会真正树立起以讲信用为荣、不讲信用为耻的信用道德评价标准。

（二）地方政府信用缺失的形成机理

在我国的现实行政环境土壤中，稳定、有序的政府行动逻辑框架偏离了应有的理性价值。按照一般传统的理解，政府是最具权威的公共组织，是整个社会公共利益的代表者，是全体人民意志的体现者（沈荣华，2006）。约翰·洛克（John Locke）在《政府论》（下篇）中写道"政府也是经济人"，与经济市场类似，政治市场也是由供求双方构成的。需求者是选民与纳税人，供给者是政治家与政府官员。因此，在市场发育不充分、法治化不健全的中国，市场经济的利益导向性可能就会导致政府的公共权力发生变异，逐渐形成一个"强权力、弱监督"的政府。随着政府权力边界的不断扩张，最终打破权力制衡的格局，导致地方政府失信的形成（见图3.2）。

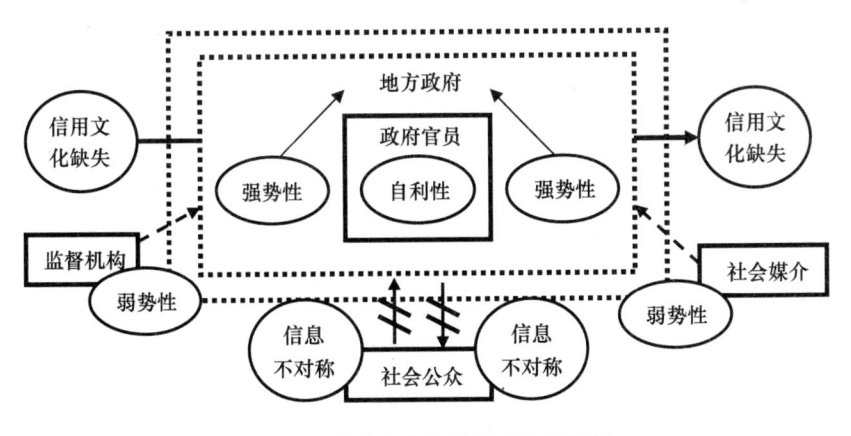

图3.2 地方政府失信形成机理框架

应该说,地方政府失信的形成是一个极其复杂的过程,并不是由以上任何一个单一要素造成的,而是在复杂的组织环境视野下各种因素相互交织、相互渗透的结果。可以看出,权力边界的扩张是一个由内向外的过程,权力扩张的同时,也是市场经济人自利性逐渐外化和政府主体强势性急剧膨胀的过程。

从权力边界的内部看,市场经济人的自利性决定了地方政府也是一个特殊的利益主体,是地方政府失信形成的意识诱因。马克思认为,利益关系是人类社会最基本的社会关系,由于自身存在一种自利行为,这种追逐利益的本质特性,使得政府部门及其工作人员在社会价值标准选择和公共利益关系调节中必然存在个体利益导向。以布坎南为代表的公共选择学派认为政治代理人容易受个人利益的驱动,这种个体利益导向是在地方政府所代表的公共利益与地方官员自身的个人利益相互博弈基础上实现的。行为主体的强势直接推动了地方政府失信行为的形成。政府处于社会结构金字塔的顶端,不仅掌握稀缺资源的分配权,还拥有对信息沟通渠道的控制权,加之地方政府在制定公共政策和管理社会事务中享有优先权。三种特权共同助长了政府的强势行为,造就了地方政府与社会公众事实上的不平等,从而引起主体的信用弱化,导致政府与社会二元模式结构的失衡,形成"强政府、弱社会"的局面。从权力内外边界的信息渠道看,公共信息的不对称导致了委托代理双方之间的信息失真,是地方政府失信形成的信息鸿沟,公众作为行政权力委托人,由于信息不对称容易导致信息缺失,政府往往利用信息优势损害作为行政权力委托人的公众利益,从而为追求自身利益最大化提供了可能,同时也为蒙蔽作为行政权力委托人的公众、逃避行政监督提供了可能(向平,2007)。这也是委托—代理关系中的信用风险,它是无法规避的。

显然,仅仅依靠内在的三种要素并不是引发政府失信的所有因素,还应该探寻权力边界外部的作用因素。它主要与外部环境的缺失和监督力量的失控密切相关,在一定程度上助推了地方政府失信的形成,其中信用文化的缺失使得行政价值发生偏离,监督力度的弱势使得行政权力泛滥。在社会信用观念和契约意识淡薄的文化氛围下,政府的行政权力也就缺乏行政伦理的约束，尤其是受到市场经济的"唯利主义"的冲击，我国几千年来的诚信价值观念和道德文化逐渐泯灭，使得长久以来政府人员的诚信道德教育未引起足够的重视，这也为政府的失信创造了条件。另外，对于政府行政行为的监督仅停留于表面，虽然有着不同种类、不同类型的监督机构，但是如果缺乏统一的监督方向、机构之间缺乏有机地整合，这种合力效应可能是微弱的，甚至还会起到相反的作用，监督力度的弱势也更加使得政府行为有恃无恐，朝令夕改的政策、政府的不作为、公共资源分配的失衡等各种失信现象也就层出不穷地出现在公共视野。

如果说以权力成长的规约来解释地方政府失信的形成机理是一种静态的分析工具，那么以耗散结构理论来分析地方政府的失信形成过程则提供了一种动态的新视角。从认识论角度看，耗散结构理论能够较好地描述开放性地方政府系统的行政行为动态性质，揭示地方政府系统的失信演化机理；从方法论角度看，耗散结构理论为分析地方政府失信现象提供了一个工具，它把必然性和偶然性结合在一起，"提供了最高的创造功能——帮助我们创造崭新的秩序"（普里戈金、斯唐热，1987），较好地说明了地方政府信用缺失的"蝴蝶效应"。

假定地方政府是一个开放性的系统，开放系统的总熵变由两部分组成：一部分叫熵产生 diS，它是由系统内不可逆过程引起的；另一部分叫熵流 deS，它是系统与外界进行物质能量等交换引起的。总熵变为 dS = diS + deS，其中，diS ≥ 0（平衡态 diS = 0），而 deS 可以大于或小于 0。如果 deS 小于 0，其绝对值又大于 diS，则 dS = diS + deS < 0，这表明只要从外界流入的负熵流足够大，就可以抵消系统自身的熵产生，使系统的总熵减少，逐步从无序向新的有序方向发展，形成并维持一个低熵的非平衡态的有序结构。如果开放系统从外界引入的是正熵流而不是负熵流，那么将只能加快系统无序化的过程，而不可能形成新的有序结构。因此，系统在与外界物质能量交换过程中的熵流 deS 也影响着系统总熵值的演化。从系统内部即熵产生看，当地方政府对政府官员的诚信规范越少，政府官员在个人利益驱使下自由表现的空间就越大，政府官员可表现的各种状态数就越大（p 值越

大），则地方政府的宏观状态的失信程度就越大（政府系统的熵值 diS 越大），说明地方政府行政权力的滥用和自身组织管理的无效；从系统外部即熵流看，在我国相对薄弱的社会信用环境和不够健全的社会法治环境中，诸如断裂的契约纽带、弱势的监督力、缺失的信用文化以及不对称的信息等正熵效应达到一定程度时，系统就很难继续围绕目标进行控制，从而在功能上表现出某种程度的紊乱，表现出有序性减弱，无序性增加，系统内部熵增大。当系统总熵达到某阈值时，会导致系统向低级平衡系统转移，地方政府会走向最终平衡状态，那么地方政府的失信行为也就形成了。

第三节 信用政府建构的逻辑

政府行为的好坏、政府绩效的高低直接关系到社会公众对政府的信任程度。政府信用是一把双刃剑，繁荣的政府信用对其他社会主体信用的建设具有示范效应，而衰落的政府信用对社会结构系统产生摧枯拉朽式的"蝴蝶效应"。随着经济体制改革的逐步完善，政治体制改革也在逐步推进，整个政府的行政模式逐渐由统治行政、管理行政向服务行政转变，对服务、法治、责任、廉洁政府的价值有了深入思考：服务政府、法治政府、责任政府、廉洁政府背后无疑都蕴含着一个共同的核心价值——信用。

信用是人类文明的发展基石，是社会和谐的伦理指引，是市场经济的契约基础。无论是人类文明发展、社会和谐构建，还是市场经济培育，从宏大的历史视野到特定的市场环境，强大、专业的"官僚机器"仍将发挥巨大的作用，信用已经在"官僚机器"中烙上了不可磨灭的印迹。行政模式林林总总，但任何一种行政模式无一都推崇"信用"的首位价值，信用政府建设问题已经成为深化行政管理体制改革的重要内容。信用政府建构的逻辑何在？是政府信用自身建设的强化，还是寻求外生力量的支持？这些既是现代意义上信用政府的发展愿景，也是信用政府的建构框架。

第三章 社会资本与政府信用的关系：信用政府的分析框架

一 信用政府的发展愿景

政府信用不仅是社会信用体系建设的核心内容，也是当代中国政治体制改革的重要环节，政府职能的履行体现了政府的信用意蕴。随着民主化进程的推进，社会公众的自治空间、自治能力不断扩大，政治生态出现新的信号：现代意义的社会资本正在不断催生，逐渐影响着信用政府的建设。

善治是治理的最佳状态，是公共利益最大化的管理过程，是实现传统的"强政府、弱社会"治理模式转变的归宿，更是政治生态的价值彰显。因此，现代意义上的信用政府是一个以信用为价值导向、以信用制度为行动纲领的善治政府，其实质就是政府与社会的共同治理，也是社群主义的集中体现，即提倡一种社群精神，以社群历史传统及其文化为纽带，进一步增强社群价值共识，由此实现政府、社会与公民之间的良性互动。通过引入社会资本支持内生动力的增长，实现政府公信与政府能力同向演进。

二 信用政府的建构框架

已有研究表明，信用政府的建构往往依赖于内生性的动力机制。它以公共权力制衡为逻辑起点，以区域利益协商为建构主线，以行政价值矫正实现政府角色定位，通过政府官员的伦理教化和社会公众的监督参与，最终实现信用政府内在资源的整合、既得利益的妥协和自我形象的重塑。与此同时，公民意识觉醒和民主政治进步，也为社会资本的发展创造了条件，一种助推信用政府建构的外生力量正在积蓄。英格尔斯（Ingalls，1985）认为："一个国家，只有当它的人民是现代人，它的国家心理和行为上都转变为现代的人格，它的现代政治、经济和文化管理中的工作人员都获得了某种与现代化发展相适应的现代性，这样的国家方可真正称之为现代化的国家。"现代人格的塑造为社会资本在当代中国的繁衍提供了充足养分，它与社会结构转型具有同步性，从而进一步扭转了"强政府、弱社会"的传统格局。

信用政府的发展愿景为信用政府的框架建构指明了方向，现代意义的信用政府建构更需要谋求外部力量的支持——社会资本。一方面，必须固守政府的"合法性"身份底线，通过公共政策的有效供给和公共权力的监督制衡，从内生层面加快推进政府信用建设；另一方面，还必须借助于活跃的社会资本力量，在复杂的关系网络中实现外在社会资源的输入和信任关系的传递，从外生层面加速促进社会资本创造。因此，社会资本与政府信用是建构信用政府的重要保障，二者具有紧密的关系，共同作用形成了信用政府的建构框架（见图3.3）。

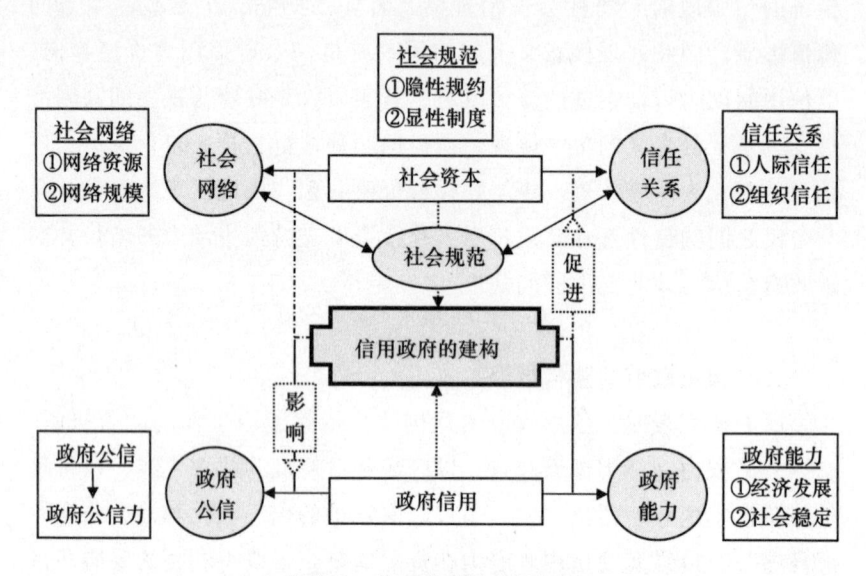

图 3.3 信用政府的建构框架

从图3.3中可以看出，信用政府的建构处在社会资本与政府信用之间，受到政府公信、政府能力、社会规范、社会网络和信任关系的共同作用，其中，政府公信与政府能力是政府信用的组成要素；社会规范、社会网络和信任关系是社会资本的组成要素。新的信用政府建构分析框架具有两个重要特征，即"社会资本的恒定性"和"政府信用的共振性"。社会资本的恒定性体现在由信任关系、社会网络和社会规范构成的内在"三角形"结构，社会资本的存量变化取决于

第三章　社会资本与政府信用的关系：信用政府的分析框架

三者的共同作用，正是由于"恒定性"的特征，才保证了特定时效区间内区域社会资本存量的稳定性，也确保了信用政府建构的牢固力量。政府信用的共振性体现在政府公信与政府能力之间的平衡与协调，政府公信的提升、政府能力的下降，或是政府公信的下降、政府能力的提升，逆方向的发展都将导致政府信用的内在失衡，只有同时确保二者的正向关系，才能形成内在的共振，是信用政府建构的重要内核。然而，信用政府并非是政府的唯一共性特点，诸如服务型政府、法治政府、责任政府等都是政府发展的一种价值表征。

（一）社会资本对政府信用的影响作用

社会资本作为一种更为广义上的信任、规范和网络，是一种社会现象。在社会转型时期的中国，社会资本整体上仍处于"异性发展"的态势（王强，2007）。这种"异质性"社会资本必然影响社会结构与社会关系，考验地方政府的平衡能力与权威。政府信用水平的高低不仅与契约信任有关，还与社会规范和社会网络之间具有密切的联系，它蕴含着更深层次的理论渊源——社会资本理论。通过社会资本的积累，形成一个有利于个体自主合作的社会关系网络，但同时也要以正式的社会规范约束社会关系网络的变异，特别是转型时期出现的"官黑"结合等现象，反映了市场体制下公权失去监督而产生交易型社会资本的情况（黎珍，2008）。由此可见，伴随着公民社会的兴起，社会资本的积累可以增强社会的自治能力，与政府产生互动对话，凝聚合作信心，使得政府以更加开放的姿态解除束缚组织发展的"信息鸿沟"和"对话窗口"。社会公众以更加包容的力量正视政府改革中的问题，进而建立合作型的伙伴关系，共同促进信任关系的深度融合。因此，现代意义的社会资本既有利于官僚体制的改革，也有利于政府能力的提升，从而形成更为深层次、巩固的组织信任关系。

（二）政府信用对社会资本的促进作用

信用也是一种特殊的文化，对于如何统一不同主体的信用存在着差异性。政府仍然是引领信用建设的主体，是社会信用体系建设的主导，而企业、个人和社团也肩负着社会信用体系建设的重任。政府信用作为一种根植于政府的内在核心价值，一直以来都是公共行政的基础性价值准则。政府信用的增长体现在政府公信力的增强和政府能力的提升两个方面,公信力的增强能够谋求更多的社会信任与公众支持,从而迅速凝聚社会力量,共同面对公共突发事件;政府能力的提升能够增强内在资源活力,以体制机制创新推动经济社会发展。在中国,市场经济体制的确立并非取决于社会的自发力量,它属于政府主导型的。因此,地方政府在社会资本构建中具有核心作用(斯考切波,1996),公民社会的命运与政府行为之间存在必然的联系(埃尔斯,1996)。政府信用对社会资本具有促进作用,充分印证了地方政府参与社会资本的构建的作用,尤其表现在转变政府职能、提升自身形象、强化社会合作等方面。特别是对于社会转型的中国而言,面对全能型的强政府与弱社会格局,社会资本的积累离不开政府的大力推动,离不开政府信用的示范效应,它是实现政府—社会二元结构优化的价值前提。

第四节　社会资本与政府信用：概念模型

从信用政府建构的逻辑中可以看出,社会资本能够对政府信用产生影响,政府信用对社会资本也具有促进作用,二者相互联系、共同发展,形成了建构信用政府的二度融合模型。在社会资本与政府信用的关系上,学术界存在着不同认识,大多从政府信用对社会资本影响的视角研究二者内在关系,很少从社会资本对政府信用影响进行考察。政府信用虽然在推动社会信用体系建设中具有强烈的示范作用,但是仍然受到区域社会资本的影响,特别是公民社会的成长也引发对社会资本的追溯。一般认为,社会网络构成了社会资本,它为人们实现一定的目标提供了便利,而社会关系网络的要素主要包括:互惠性规范、信任和义务等。可以说,社会资本是公共性物品,它体现着社会组织的结构性特征,也是个体行动与群体行动相连接的重要环节(林聚任等,2007)。通常使用如图3.4所示模型表示社会资本的运作过程(林南,2002)。

早在20世纪80年代,西方社会学家就开始研究信任的生成机

第三章 社会资本与政府信用的关系：信用政府的分析框架

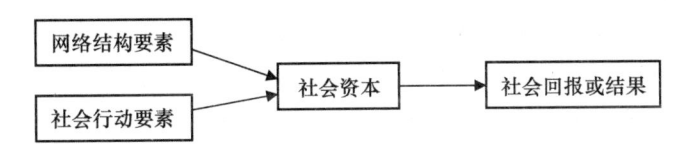

图 3.4 社会资本的运作过程模型（林南，2002）

制，祖克尔（Zucker，1986）的研究成果曾经产生了广泛的影响。他主要阐释了信任生成的三种机制：由声誉产生的信任、由社会相似性产生的信任、由法制产生的信任。从社会资本的视角看，具有三大特点：人际信任、相互合作①、社会规范。社会资本对政府信用的影响主要体现在：信任关系与政府信用、社会网络与政府信用、社会规范与政府信用。本研究以信用政府建构逻辑为主线，在已有相关研究文献的基础上提出概念模型，并结合实证分析提出研究假设。

一 直接作用下的社会资本与政府信用

社会资本由信任关系、社会网络和社会规范三个方面构成，从实证测度上可以具体分解为人际信任、组织信任、网络规模、网络资源和社会规范。其中，由人际信任与组织信任构成的信任关系是社会资本的基础，个人与个人、组织交往合作构成的社会网络是社会资本的载体，包括网络规模和网络资源两个方面，而社会规范是有序集体行动的保障。这些分类要素对政府信用的直接作用在已有理论研究和实证分析中都有涉及，特别指出的是，直接作用指的是在两个因素之间直接产生，是研究二者关系的基本形式。因此，本研究主要考察信任关系、社会网络和社会规范分别对政府信用的直接作用。

（一）人际信任对政府信用的直接作用

人际信任是一种特殊主义的信任关系，它是基于家庭亲属信任推断对血缘亲属以外的人员的信任程度，这种评判标准没有形成公认的价值准则和共同认知，以亲属关系的疏密程度来考量。从这个角度

---

① 信任生成机制中的相互合作仍然体现在以传统习俗、家庭背景、传统价值等为特征的传统社会网络。

讲，社会公众对政府信用往往直接体现在政府官员的信任，部分学者也对其进行了相关论述。莱恩（Lane, 1969）认为，"如果一个人在一般情况下不能信任他人，他当然不能信任由于权力的诱惑而担任公职的那些人。对当选官员的信任看来只是对一般人信任的特例"。这种观点在一定程度上支持了人际信任能够影响政府信用的论述。这种信任还可以从政治文化的视角解读，认为"人际信任"是民主的基础（Almond and Verba, 1963; Inglehart, 1990; Rose, 1994; Mischeler and Rose, 1997）。稳定的民主来源于"公民文化"，人际之间的相互信任在民主政治中起到关键作用，进而增进了社会公众对国家（政府）的信任（Almond and Verba, 1963）。著名的"囚徒困境"也说明人际之间的不信任还有可能破坏个体对社会的认同与责任感，这对于政府来说同样具有适用性。当整个社会存在大量的人际信任时，就会为社会与政府合作提供强大的精神支持，为组织目标的实现创造良好的心理基础和社会环境。

上述研究验证了提高人际信任对政府公信的直接正向影响，而对于政府能力的直接影响缺乏相应文献支撑。在此基础上，本研究提出如下假设：

假设1：人际信任与政府信用之间存在正相关关系。人际信任越高，政府信用越强；反之，人际信任越低，政府信用越弱。

假设1a：人际信任与政府公信之间存在正相关关系。人际信任越高，政府公信越强；反之，人际信任越低，政府公信越弱。

（二）组织信任对政府信用的直接作用

一般认为，组织信任主要由三个因素决定：对方的能力、对方的善意、对方的信用（迈耶等，1995），它的建立是透过理性的认知过程。斯托勒（Stolle, 2000）和伍斯诺（Wuthnow, 2002）认为，普遍意义上的组织信任与国家层面上的领导力息息相关，因为政治领导者是组织内个体了解社会其他人的一个窗口，如果政治领导者是值得信赖的，就会促进普遍信任的产生；社会信任的普遍提升有利于增进对政治领导者的信任，这其中就包括了对政府组织的信任。相反，各个部门、单位以及各级政府之间缺乏信任，也会加剧政治问责的必要

第三章　社会资本与政府信用的关系：信用政府的分析框架

性以及与自由裁量权之间的紧张关系，这种张力在一定程度上影响了政府能力，是公共管理所面临的第一个重大问题（贝恩，1995）。正如迈耶（Mayer，1995）所指出的，信任是组织运作中不可或缺的润滑剂，一个缺乏信任氛围的组织在运转过程中会产生大量的内耗。从纵向层级视角看，官僚组织之间的信任和合作可以降低上级监督下级的成本，从而提高官僚的工作效率（卡莱斯·鲍什，1998），这也说明了组织信任对政府能力具有直接影响，它降低了监督风险成本。相关研究还发现，维系政府信任可以有效地缓解政治问责制与管理灵活性之间的矛盾（Kim，2005；Cooper et al.，2008）。由此可见，加强组织信任有利于提高组织认同度，从而提升政府公信和政府能力，而有效的组织沟通是达成组织认同和强化组织管理的前提。普遍意义的组织信任强调了组织与组织之间的充分沟通与信息交流，有助于实现信息共享（德里斯科尔，1978）。

上述研究分别验证了提高组织信任对政府公信和政府能力的直接正向影响。在此基础上，本研究提出如下假设：

假设2：组织信任与政府信用之间存在正相关关系。组织信任越高，政府信用越强；反之，组织信任越低，政府信用越弱。

假设2a：组织信任与政府公信之间存在正相关关系。组织信任越高，政府公信越强；反之，组织信任越低，政府公信越弱。

假设2b：组织信任与政府能力之间存在正相关关系。组织信任越高，政府能力越强；反之，组织信任越低，政府能力越弱。

（三）网络规模对政府信用的直接作用

个人与组织的合作通过社会网络的形式表现出来，个人与个人、组织相互交织形成一个集聚庞大社会资源的网络体系，成为社会关系调整的重要力量。作为官僚体制的政府组织而言，它具有非人格化特点，加之严密的官僚层级和制度约束，使得官僚体制网络与以亲属关系形成的网络之间形成了一道不可逾越的鸿沟。因此，政府信用水平或多或少地存在一定程度的下降。社会网络强调了关系的重要性，把人与人、组织与组织之间的纽带关系看作是一种社会结构，分析这些纽带关系对人与组织的影响。波塔普加克（Potapchuck W.，1997）

等认为，社会资本能催生民主，从而增强公众参与组织的意愿，人们在一种自发状态形成许多与其工作生活相关的各种社团，这些组织既是公民直接参与政治活动的平台，也是培养公民意识的理想家园，人们在社团活动中逐渐养成了一种有序合作的习惯。公民参与政府公共政策制定渠道的建立，将使得社会公众更加了解政府的行政行为，增强信息渠道对称，有利于提升政府声誉。普特南（2001）在研究意大利南北方行政区域改革差异中发现，网络规模是解释的关键因素，即强大的全民参与传统是重要的变量。这里将公民参与网络的强弱看成是网络规模。随着网络规模的逐渐扩大，公民参与的自愿性和群体认同感也逐渐增强。对于政府组织而言，公民参与政府公共事务的机会增多，必然更能确保政府行政行为的透明性与合法性。正如卡莱斯·鲍什（Carles Boix，1998）在形容公民与政府精英关系时所说："积极参与公共事务的网络可以增加官僚的责任感，使其真正为选民着想，同时也扩大了人们的利益表达渠道"，而政府官僚责任感就是政府公信的主要体现。

因此，社会网络中的网络规模要素可以从两个维度考察：一种是微观的组织实体——非正式组织，通过社会网络参与政治表达和协商合作；另一种是宏观的概念体——公民社会，地方政府在这个社会网络中形成了一种互动过程。公民社会是现代自由民主的重要前提，也是能够形成自我组织的社会，在这种社会背景下实现对政府的权力调适（卓成刚、乔姣，2008），通过对政府权力的有效监督与制衡，保护个体不受强势政府的侵犯，达到公民社会与政府之间的有序互动，提升合作中的信任程度和政府自身的廉洁程度。

上述研究验证了扩大网络规模对政府公信的直接正向影响，而对于政府能力的直接影响缺乏相应文献支撑。在此基础上，本研究提出如下假设：

假设3：网络规模与政府信用之间存在正相关关系。网络规模越大，政府信用越强；反之，网络规模越小，政府信用越弱。

假设3a：网络规模与政府公信之间存在正相关关系。网络规模越大，政府公信越强；反之，网络规模越小，政府公信越弱。

（四）网络资源对政府信用的直接作用

网络资源是社会网络的另一个重要因素。从微观视角看，处在关系网络中的个人要想获益，就必须参与特定的组织或者有能力去接触其他社会组织成员，从而在网络资源的获取中提高能力。林南（1982）认为，一个人的社交面或者说社会资源和他获得的工作状态有很强的正相关关系。换句话说，网络资源越密集，这种外在行动效能就越高。从宏观视角看，公民社会内的各个团体、组织在国家的正式规则框架下运行，反过来各个团体、组织的活动也会影响到政府政策的形成及效能（李六，2010）。研究也表明，密集的社会互动网络有助于诚信机制作用的充分发挥，有利于限制和减少"搭便车"现象（徐淑芳，2006）。例如，法肯姆普斯（Fafchamps，2004）等人认为，商业网络也能够惩罚违约者，特别是密集的网络资源能够提高资源要素配置的效率，起到减少企业的监督和激励成本作用（韦德，1987），这对于政府组织应该也具有一定的适用性；相反，稀疏的社会互动网络则不利于公众参与和对政府行为的监督。

上述研究在一定程度上验证了获取网络资源对政府能力的直接正向影响，而对于政府公信的直接影响缺乏相应文献支撑。在此基础上，本研究提出如下假设：

假设4：网络资源与政府信用之间存在正相关关系。网络资源越多，政府信用越强；反之，网络资源越少，政府信用越弱。

假设4b：网络资源与政府能力之间存在正相关关系。网络资源越多，政府能力越强；反之，网络资源越少，政府能力越弱。

（五）社会规范对政府信用的直接作用

广义上讲，社会规范包括正式制度和非正式规则两个方面。对于现代社会而言，正式制度是在非正式规则基础上经过多次博弈、逐渐凝练而成的，成为影响一个国家和社会发展的重要力量。因此，社会规范对政府信用的影响往往更多地关注于正式制度，而作为制度供给的政府，拥有影响社会资本的效力。一个肆意破坏制度规则的政府将在社会信用制度建设中起到消极作用，也会影响一些社会规范的形成。从这个角度来看，倘若政府自觉遵循制度约束，接受权力监督也就体现了自身信用，必然起到一个示范引领作用，使得社会规范有序遵守执行；反之亦然。道格拉斯·C.诺斯（Douglass C. North）和罗伯特·托马斯（Robert Paul Thamas）在《西方世界的兴起》一书中写道："有效率的经济组织是经济增长的关键，一个有效率的经济组织在西欧的发展正是西方兴起的关键。"然而，已有的社会规范在促进社会群体、组织正式交往合作中却存在一种内在制衡，正式制度与非正式规则形成一种博弈，最终导致良性的制度机制不健全，一定程度上诱发了政府信用的缺失。例如，孙亚忠（2007）从政府规制与寻租的角度探寻了地方政府信用缺失的内在逻辑，即政府规制导致的寻租、创租、抽租使公共权力发生扭曲和异化，进而动摇了国家政府信用的基础。这充分说明制度抑制腐败机会的机制还不够健全（过勇，2007），使得规则形同虚设。马得勇、王正绪（2009）通过对全球69个国家的实证数据比较发现，社会资本能否对政府治理产生影响，依赖于一定的制度环境，这里的社会资本主要指的是一种社会规范。

上述研究分别验证了完善社会规范对政府公信和政府能力的直接正向影响。在此基础上，本研究提出如下假设：

假设5：社会规范与政府信用之间存在正相关关系。社会规范越好，政府信用越强；反之，社会规范越差，政府信用越弱。

假设5a：社会规范与政府公信之间存在正相关关系。社会规范越好，政府公信越强；反之，社会规范越差，政府公信越弱。

假设5b：社会规范与政府能力之间存在正相关关系。社会规范越好，政府能力越高；反之，社会规范越差，政府能力越低。

二 交互作用下的社会资本与政府信用

社会资本与政府信用的关系不仅体现为直接作用，还具有交互作用。所谓交互作用，指的是社会资本内在结构要素存在某种相关关系或中介作用，通过某个内在中介变量最终作用于政府信用。从社会资本的理论框架来看，社会资本内在要素存在着某种内在关系，即人际信任、组织信任、网络规模、网络资源和社会规范，其中，最值得关注的是社会规范的中介作用。对于社会资本的核心要素——关系网络，社会规范是网络成员有序行动的保障，也是集体选择的基础规约，无论是正式制度还是非正式规则。需特别指出的是，交互作用指的是在两个因素之间通过某一中介因素影响而产生，或是两个因素之间的相互关系共同影响。因此，根据已有的理论研究和实证分析，本研究将以社会规范为中介变量，主要考察人际信任、组织信任和网络资源如何通过社会规范作用于政府信用，以及信任关系与社会网络之间的相关关系。

（一）人际信任对政府信用的间接作用

人际信任对政府信用的影响在很大程度上依托于一个稳定、有序的规则，这种规则也就是社会规范。其实，以亲情、血缘形成的信任是在特殊地域文化背景下产生的，它包含着某种非正式规则。这种以非正式规则引导人际信任形成的合作必然不是长久的，而对政府公信的评价标准也以社会规范的成熟性为准。克劳斯·奥弗等（Claus Offe et al., 1999）的研究表明，每个人不但认为其他个体值得信任，而且也认为在特殊的政治结构中所有个体的整体信任水平较高，即政府公信力的提升。具体而言，个人可以预计组织中不同个体的道德水平和技术能力，只要实现个体与相应规则的捆绑，并能在一定范围内进行预期判断，那么任何一个组织就能规避风险，提供并形成一个值得群体信任和相互合作的环境。这种观点也证实了社会规范作为纽带关系的作用。

由此可见，提高人际信任对政府公信具有间接正向影响，而对于政府能力的间接影响缺乏相应文献支撑。在此基础上，本研究提出如下假设：

假设6：人际信任通过社会规范与政府信用产生正相关关系。

假设6a：人际信任通过社会规范与政府公信产生正相关关系。

（二）组织信任对政府信用的间接作用

现代社会是一个高度制度化的社会，以工具理性为基础的、非人格的、超越具体情境的种种程序和制度，构成了整个社会的基本框架。受中国传统文化影响，人们对公共政策的重视不够，也缺乏有组织追求公民权利的能力，组织之间的社会规范更多谈及的是一种社会责任，而不是社会权利。因此，组织之间的信任往往存在一种不对等性，它往往取决于某种资源的配置能力和社会地位。由于政府具有较强的资源动员能力，特别是在整个社会组织结构中始终处于强势地位，使得个人、企业、社会团体对政府的依附性更强，对政府发挥作用的期待也相应增加，而这种期待主要以政府制度绩效[①]的方式体现。

上述逻辑演绎在一定程度上验证了提高组织信任对政府信用的间接正向影响。在此基础上，本研究提出如下假设：

假设7：组织信任通过社会规范与政府信用产生正相关关系。

假设7a：组织信任通过社会规范与政府公信产生正相关关系。

假设7b：组织信任通过社会规范与政府能力产生正相关关系。

（三）网络资源对政府信用的间接作用

网络资源是社会网络中衡量价值产生和福利创造的重要因素，这种资源是在合作互动中形成的，关系网络中网络资源的丰裕程度可能影响与政府合作的潜能和社会公信。前已提及，虽然网络资源与政府公信存在着直接作用，但是，信息流动和合作交流的规则性是实现公共政策制定、实施参与的前提，它能够有效地将社会网络中的资源整合在一起。埃里克森（Erickson，2003）认为，"关系紧密的群体内成员开发并保持了一些规范，其内容在于使成员们在相互之间的日常事务中获取的总体福利得以最大化"。这不仅是内部总体福利的最大化，也能促进组织合作过程中的能力提升和社会公信。由此可见，社会网络有利于市场主体间在行动过程中进行各种协调与沟通，并通过反复的博弈，维持彼此的合作与信任关系，而由此产生的网络资源在社会规范的引导下也有助于政府能力的提升。

上述逻辑演绎在一定程度上验证了获取网络资源对政府信用的间接正向影响。在此基础上，本研究提出如下假设：

---

① 制度绩效是一个涵盖较为广泛的概念，政府信用中涉及的政府能力仅是其中的一部分。

第三章　社会资本与政府信用的关系：信用政府的分析框架

假设8：网络资源通过社会规范与政府信用产生正相关关系。

假设8a：网络资源通过社会规范与政府公信产生正相关关系。

假设8b：网络资源通过社会规范与政府能力产生正相关关系。

（四）信任关系与社会网络的相关性

社会资本是一个复合的概念范畴，是对信任、网络和规范的集合称谓，由于社会规范在这里被看成中介变量，信任关系与社会网络之间的相关性就成为关注的焦点，从对社会资本概念的界定看，信任关系是社会资本的基础，个人与个人、组织的交往合作构成的社会网络是社会资本的载体。无论是具有特殊主义的人际信任还是普适主义的组织信任，都贯穿于整个关系网络，仅有不同信任关系的强度差别。对于关系网络来说，网络资源的多少取决于信息资源的传递频率和交往合作的机会，而这种传递与合作除了遵循特殊的社会规则，还必须产生一种正式的信任关系——组织信任，而对人际信任的关注则相对较弱。网络规模的大小则取决于关系半径（客体范围），而关系半径（客体范围）与组织信任链具有密切联系，可以说，组织与组织之间信任的建立跨越了地域空间限制，甚至延伸至虚拟网络空间。

由此可见，信任关系的疏密程度在一定程度上与网络资源的丰裕程度密切相关。信任关系的心理认可程度与网络规模的广聚度密切相关。网络资源与网络规模是构成社会网络的重要要素。上述逻辑演绎在一定程度上验证了信任关系与社会网络之间的相关关系。在此基础上，本研究提出如下假设：

假设9：人际信任与组织信任之间存在正相关关系。

假设10：组织信任与网络资源之间存在正相关关系。

假设11：组织信任与网络规模之间存在正相关关系。

假设12：网络资源与网络规模之间存在正相关关系。

三　概念模型的提出

通过对已有文献的回顾及逻辑演绎，社会资本与政府信用之间既存在直接的作用关系，也存在交互的作用关系，其中包括相关关系和间接作用关系。由于社会资本概念解构的复杂性，使得研究社会资本的影响路径更具有针对性，可以从人际信任与政府信用、组织信任与政府信用、网络资源与政府信用、网络规模与政府信用、社会规范与政府信用五个方面进行考察。理论上认为，社会资本的五个要素应该与以外在形式体现的政府能力和以内在心理评价的政府公信都具有作用关系，然而，限于已有研究资料收集的不足和缺乏相应研究，本研究对缺少文献支撑和逻辑演绎需要引申的部分具体影响子路径暂未提出假设。

总体来说，本研究紧密围绕信用政府建构这一主线，综合运用社会资本理论、治理理论以及政府信用相关理论，将社会资本与政府信用关系的问题整合为一个有机整体，提出了整体概念模型（见图3.5①），这为实证研究中结构方程模型构建提供了很好的理论支撑。

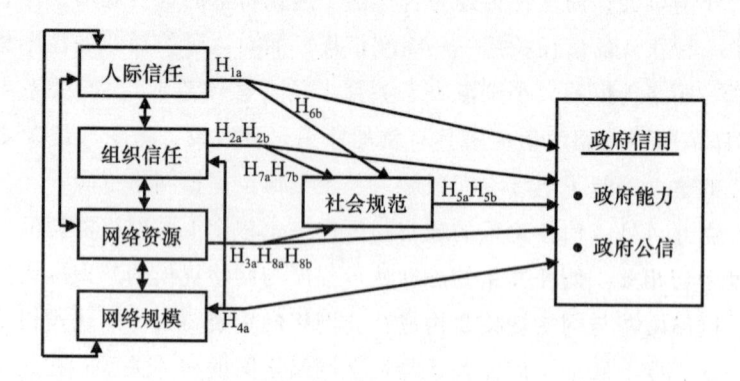

图 3.5　本研究的整体概念模型

---

① 由于图表空间的限制，概念模型中仅列出了直接作用和交互作用中的间接影响，社会资本内在要素的相关性假设没有罗列，即 H_9、H_{10}、H_{11}、H_{12}。

第四章　社会资本与政府信用关系的实证分析

从信用政府建构的框架看，信用政府受到政府公信、政府能力、社会规范、社会网络和信任关系的共同作用。社会资本与政府信用互动促进了信用政府建设，在此基础上，本研究提出社会资本与政府信用关系的概念模型。为了进一步验证研究假设，深入探讨社会资本与政府信用的内在结构和作用机理，需要对二者的关系进行实际测度与验证分析。一套设计科学、合理、有效的调查问卷是实证分析的前提，调查样本的选取和数据的采集方式是实证分析的基础。因此，本章从调查问卷设计、样本选取与数据采集过程、变量的实际测度以及具体的实证分析方法进行阐述，在描述性分析、信度和效度检验、验证性因子分析基础上，构建结构方程模型（SEM），从研究设计的角度回应社会资本与政府信用的关系作用。

第一节　问卷设计

在公共管理领域研究中，很多问题无法直接测量，只能通过问卷的方法进行间接调查，社会资本与政府信用关系问题的研究就选取了问卷调查的方式，对社会资本存量、政府信用水平进行间接测度，以期获取第一手研究数据。

调查问卷使用的是书面问卷。一方面，问卷的设计是一个复杂的过程，单一题项往往不具备涵盖所有问题的概念。复杂的公共管理现象的度量常常需要通过多个题项完成。多个题项在变量的测量题项具有一致性的情况下能够增进信度（Churchill, 1979），大多数变量都使用多项题项保证度量的信度和效度。另一方面，问卷的回答也是一个信息反馈的过程，它是问卷设计者与被调查者之间沟通的平台，是社会现象测度科学性、准确性的重要环节。因此，问卷的回答有赖于调查对象的阅读理解水平，它要求被调查者能够真实理解问题的含义，既使问题的设计不产生歧义，还要确保被调查者能够明确问卷填写的方法，使其能够真实、客观地反映问卷测度信息。

一 调查问卷的基本结构

一般来说，调查问卷包括填答问题和选择问题两部分，选择问题部分用李克特七点量表（非常不同意→非常同意）来表示，每个题项用中等长度问题（16—24个词语），主要包括引导语、背景资料和主体调查三个部分。引导语旨在说明调查研究的基本目的和形式，让被调查者大致了解调查内容的基本背景和主要内容，以便有针对性地回答相应问题。背景资料是对被调查者的基本个人信息的描述，主要包括被调查者的性别、所在区域、年龄、学历、工作单位等，通过对这些个人自然信息的采集，进一步增强调查结果的效度。主体调查部分主要以表格的形式出现，被调查者根据自身工作经历和实际体会，对有关表述进行1—7级程度判断，分别用1、2、3、4、5、6、7来表示。调查问卷的质量关系到社会资本与政府信用的实际测度，对于问卷题项的选择与设计应该遵循严谨的开发设计流程。根据许多学者（Churchill, 1979; Dunn, Seaker and Waller, 1994）的建议，调查问卷的测量题项通常是这样形成的：（1）测量题项通过文献回顾和与相关学者的访谈产生；（2）公共管理、社会学、政治学领域专家的讨论；（3）地方政府官员、社会团体人士的讨论；（4）通过预测试对测量题项修正完善，最终形成正式的调查问卷。

本研究主要涉及社会资本、政府信用两个重要模块，这也是学术界探讨争论的焦点，对于此类测量题项设计具有一定的难度，特别是对于概念的不同认识与分类，导致题项设计的多样性，从已有文献回

第四章　社会资本与政府信用关系的实证分析

顾中没有形成一套固定的、权威的测量问卷。因此，需要针对不同的研究需要，选择符合信用政府建构内在逻辑特征的测量题项。本套问卷设计大致经历了以下四个阶段：（1）文献回顾。通过查阅大量有关政府公信、政府能力、社会规范、社会网络和信任关系的相关研究文献，从中提炼概括出与本研究有关的部分，在深入分析研究背景和问题的基础上，初步形成研究变量的测量题项，共包括31个题项。（2）专家咨询。以所在学术团队（其中包括数位教授、副教授和20多位博士生、硕士生）为专家咨询平台，征求团队专家和相关研究者对问卷初稿设计的意见，根据团队专家对问卷初稿的反馈意见对问卷部分的测量题项进行修改与完善，进而形成调查问卷的修改版。（3）深度访谈。通过网络平台与数位政府官员、社会团体人士进行沟通交流，进一步征求他们对本研究问题的意见，包括研究模型的表面效度以及如何测度社会资本和政府信用等。（4）问卷预测试。通过专业的调查问卷网络平台①，将调查问卷制作成电子版随机发送给浙江大学MPA班学员、亲戚朋友以及其他社会人士，共采集33份有效问卷数据。根据被调查者的回答和反馈，对调查问卷中部分测量题项的语言表达与设问方式进行了补充修改，最终形成了调查问卷的正式版（见附录）。

调查问卷的主体部分由三个小节构成，分别是基本信息、政府信用、社会资本。"基本信息"栏是对整个社会信用的现状和信用政府基本情况的调查，属于宏观层面的考察，涵盖干群关系、人际关系、道德秩序、腐败程度、政府部门信任等方面，它从不同维度测量整个社会的信用环境状况，是社会资本与政府信用的总体概括与现实写照。"政府信用"栏是对一个区域内地方政府信用水平的考察，涵盖财政支出绩效、地方债务风险、经济合同履约、政府行政作为、政府浪费等方面，以期探寻信用政府的公信力和经济社会发展能力。"社会资本"栏是对一个区域社会资本存量的考察，涵盖区域社会的信

---

① 本研究所依托的调查问卷网络平台网址为：http://www.diaochapai.com/survey504853。

任关系、社会网络和社会规范三个方面,试图挖掘社会资本的来源及创造渠道。

二 社会资本的测度项

社会资本研究中,如何界定社会资本并对其进行测度是问题的关键。社会资本最初是由经济学领域的"资本"概念演化而来的,后来逐渐成为研究社会问题、企业问题的热门词汇,社会资本的基础性地位以及引发的社会体制变革,使得公共管理领域对社会资本尤为关注,特别是"社会—政府"二元结构中的相互作用问题成为促发社会资本的关键。社会资本的测度可谓纷繁复杂,有些学者从社会的宏观层面进行测度,主要考察了地方性社会组织的发育程度、社会的民主化进程、社会综合管理水平等领域,具体包括地方性组织、协会的种类和数量、组织内部亲缘关系紧密程度、组织对政府的信任程度、公民自由指数、腐败指数、政府分权程度、选举参与程度、社会流动性指数、官僚作风程度,等等(格鲁塔特,1998)。有些学者从社会的中观层面进行测度,通过专门的调查机构直接测量某个给定社会(或社区)人们之间的信任水平和参与决策制定过程的程度(Word Value Survey, WVS),即采用对社会信任程度的评分作为估量社会资本存量的代理变量。有些学者从社会的微观层面进行测度,具体可以细分为个人的社会资本和组织的社会资本,其中,个人的社会资本可以从他所拥有的社群网络来描述和量度(普特南,1993),也可以采用定名法①和定位法②来测度(Campbell and Lee, 1991; Lin and Dumin, 1986),还可以采用社会网络规模、网顶、网差和网络构成四个指标来测量(边燕杰,2004);企业的社会资本可以从企业内部和

---

① 定名法指的是向每个被调查者提问一个或几个关于其在各种社会关系中交往的问题,通过这些问题可以确定被访问者和交往者之间的社会关系、交往者的特征、交往者之间的关系等信息。

② 定位法指的是使用社会中特征显著的结构位置(职业、工作单位、行政权威等)作为指标,要求被调查者指出每一位置上是否有交往者,并确定其与每一位置上的交往者之间的关系。

第四章 社会资本与政府信用关系的实证分析

企业外部两个方面来描述（韦斯特隆德，2003），也可以从企业家社会资本、企业员工社会资本和企业外部社会资本三个方面测度（张克中，2010）。

本研究主要测度一个区域的社会资本，调查样本指的是县级区域的社会资本。社会资本测度是通过发放调查问卷的形式完成的，它是由不同被调查个体组成的，因此，区域社会资本的测量思路结合了已有研究的测量指标，由不同的个人社会资本合成区域社会资本，可以从五个维度来考察社会资本：人际信任（包括血缘亲属之间的信任和朋友同事之间的信任）、组织信任（包括企业单位、事业单位和社会团队对政府部门的信任）、网络资源（反映个人成长与获取帮助的渠道）、网络规模（反映个人社会关系的覆盖领域）、社会规范（反映一种社会共识与规则遵循）。具体的问卷设计题项见表4.1。

表4.1　　　　　　　　　社会资本的测度题项

变量	指标	指标测度题项	指标设计来源
IT1	人际信任	我与家庭亲戚经常保持高度信任	林聚任等（2007）、杨瑞龙等（2002）
IT2		我与朋友同学经常保持高度信任	林聚任等（2007）、杨瑞龙等（2002）
IT3		我与单位领导经常保持高度信任	林聚任等（2007）、杨瑞龙等（2002）
IT4		我与工作同事经常保持高度信任	林聚任等（2007）、杨瑞龙等（2002）
OT5	组织信任	企业对地方政府信任较高	格鲁塔特（2002）
OT6		社团对地方政府信任较高	格鲁塔特（2002）
OT7		高校对地方政府信任较高	格鲁塔特（2002）
NR8	网络资源	工作生活中帮助最大的是家庭亲戚	杨永福（2002）、边燕杰（2004）
NR9		工作生活中帮助最大的是朋友同学	杨永福（2002）、边燕杰（2004）
NS10	网络规模	在日常工作中经常与政府部门打交道	普特南（1993）、林南（2001）
NS11		在日常工作中经常与企业单位打交道	普特南（1993）、林南（2001）
NS12		在日常工作中经常与民间社团打交道	普特南（1993）、林南（2001）
SN13	社会规范	在日常工作中时刻遵循单位规章制度	自行设计
SN14		在帮朋友办事中时刻遵循法律政策	自行设计
SN15		政府在社会交往中遵循社会规则	自行设计
SN16		在乘坐公交车时从来没有逃票行为	马得勇、王正绪（2009）

三 政府信用的测度项

政府信用研究中,如何界定政府信用并对其进行测度是问题的又一关键。政府信用最初也是由经济学领域的"信用"概念移植过来的,国外学者主要从事社会公众对政府信任的研究,对于政府信用概念的不同看法使得对于政府信用的测度至今仍处于争议之中,有些学者将政府信任完全等同于政府信用,用社会公众对于政府的信任程度作为测度政府信用的唯一指标,而这种测度混淆了二者的区别。已有文献回顾也表明:信任是一种个体外在的态度,属于静态层面;信用是一种群体的内在状态,是一种客观的能力属性表征,属于动态层面,而信任是信用的外在体现。因此,政府公信是政府信用的一个重要构成要素,它还包括政府对于经济社会发展实现程度,即政府能力。政府信用的测度可谓纷繁复杂,有些学者侧重于从经济层面进行测度,主要考察了地方政府的债务结构,与对企业信用的评价类似,包括收入和经济结构、经济增长率、财政弹性、债务负担等,这也就是国际通用的"标准—普尔"政府信用评价体系。有些学者侧重于从结构功能方面进行测度,包括政府资质和政府行为两个方面,诸如学历结构、年龄结构、政府决策效果、政策的履约率等指标(李长江,2003)。有些学者侧重于实际的民意测验,即对政府及政府所提供各项服务的信任度和满意度进行打分,分数的高低显示了政府信用水平的高低。还有些学者侧重于从政府职能方面进行测定,包括社会稳定、宏观调控、社会管理、公共服务四个维度,把实际测度政府绩效的指标当作政府信用的指标,仅对指标的表述略微进行了修改。由此可见,政府信用的实际测度仍然停留在探索阶段,没有形成较为权威、认可的评价指标,大多以主观打分为主,客观测量的统计指标往往偏重于经济方面,这与本研究的政府信用概念不符。

本研究主要测度的是地方政府信用,调查样本指的是县级地方政府。政府信用通常以政府行为和政府官员态度的形式表现,这种评价与以往文献对于政府信任的评价有所不同,它包含了社会公众对于政府信任度的评价,还包括了政府内生的一种行政承诺,表现为经济社会发展的能力,这种测度体现了内在与外在、静态与动态结合的特点。由于客观数据采集的限制和统计年鉴数据收集局限,政府信用的测度通常以调查问卷的形式实现,它是由不同被调查个体组成的,进而形成了社会公众、组织对政府信用的总体评价。因此,政府信用的测量思路结合了已有研究的测量指标,可以从两个维度来考察政府信用:政府能力(包括社会公平正义、政府债务负担风险、经济合同履约等)和政府公信(包括政府合法性、政府行为、政府权威等)。政府能力体现了地方政府在经济社会协调发展中兑现行政承诺的程度,其中也包括了有关经济信用的测度,而政府公信主要参考了国外有关政府信任民意测验的评价指标,是对政府目标、行为的总体评价。具体的问卷设计题项见表4.2。

表4.2　　　　　　　　政府信用的测度题项①

变量	指标	指标测度题项	指标设计来源
GC1	政府能力	您认为当地社会贫富差距程度	程宏伟(2005)
GC2		您认为当地社会治安的安全感	程宏伟(2005)
GC3		您认为当地政府财政支出实际绩效	陈伟(2003)、大公国际资信公司(2009)
GC4		您认为当地政府债务负担风险程度	陈伟(2003)、大公国际资信公司(2009)
GC5		您认为当地政府经济合同的履约率	李长江(2003)
GE6	政府公信	当地政府浪费了许多金钱	罗森布鲁姆、克拉夫丘克(2002)
GE7		政府是为少数大的利益集团工作的	罗森布鲁姆、克拉夫丘克(2002)
GE8		你无法信任政府大部分时间做正确的事	罗森布鲁姆、克拉夫丘克(2002)
GE9		像我这样的人对政府的所作所为没有发言权	罗森布鲁姆、克拉夫丘克(2002)
GE10		政府官员并不在乎老百姓想什么	罗森布鲁姆、克拉夫丘克(2002)

---

① 政府信用中的"政府公信"指标测度题项由于存在相反的程度判断,故在实际的数据处理中进行了转化,即1分转化为7分、2分转化为6分、3分转化为5分。

第二节 样本选取与数据采集

社会资本与政府信用关系的实际测度，涉及样本选取与数据采集，具有区域性和时效性两大特点。前面研究已经明确，本研究的社会资本与政府信用是一个特定的区域范围，社会资本与地方政府信用的区域都以县级行政区划为标志。

一 样本选取的区域

信用政府的建构是一个系统工程，从乡镇政府到中央政府，都必须纳入信用政府建设的框架。唯有官僚层级体制下的政府都烙上"信用"的印迹，整个信用政府的建构才能真正实现，其内在的行政价值才得以彰显。纵观不同层级政府可以看出，县级地方政府处于整个官僚体系的核心，它是中央政策具体落实的关键环节，也是最容易导致"信息鸿沟"的重要部位。特别是随着县域经济实力的不断增强，区（县）公共权力的传递影响不断扩大，县域空间已经成为地方政府经济协作和政府官员政治晋升的重要平台，也将逐渐成为培育社会资本和政府信用的资本高地，因此，县域空间也引起了社会各界的广泛关注。

已有研究表明，政府信用水平与一个区域的经济发展、市场开放程度及地方政府绩效密切相关。一般认为，社会资本发育程度和政府信用较高的区域大都集中在东部沿海地带，优越的地理区位优势、特殊的文化氛围及国家政策支持力度，决定了社会资本发育具有先行性优势，市场经济的包容性、政府决策的前瞻性及政府合作的多元性要求不断提升自身信用。相比之下，西部地区虽然在经历了第一个十年大开发的跨越后，经济社会发展取得显著成就，但在改善投资环境、优化政府职能、完善社会组织等方面却存在着诸多发展困境，这些都与社会资本发育不成熟、地方政府信用水平较低有关。因此，选择西部地区研究社会资本与政府信用的关系更具有代表性，而云南省又是西部地区的一个典型代表。

第四章 社会资本与政府信用关系的实证分析

云南既属于西部大开发的沿边省份，也在泛珠三角区域范围内，同时享受西部大开发和泛珠三角区域合作框架的政策优惠，初步形成了区域开放、互信合作、友好交往的内陆开放省份。在长期的历史演变与发展中，云南县域也凸显出民族性、层次性、综合性和差异性等特点，新型城镇化促使多民族文化的融合，不同层次的合作构建了更为广阔关系网络。云南虽然不是中国经济最发达、驱动能量最高、社会资本最集聚、人民生活最富裕的经济区，但是它具有潜在的资源优势和区位优势，传统的历史文化也具有较强的后发优势，基本体现了社会资本的变迁轨迹，也体现了西部地区县级地方政府信用的总体水平。因此，它是一个覆盖面相对齐全、代表性较强的县域空间，基本符合测度社会资本与政府信用关系的空间条件。据统计，云南省下辖地级市8个、少数民族自治州8个，其下管辖的市辖区12个、县级市11个、县77个、少数民族自治县29个。① 因此，本研究以县域空间为考察对象，选择云南省作为问卷发放区域，问卷涵盖了云南省所有的129个县级区域，是一个比较全面的调查样本范围。

二 数据采集的过程

为了充分考虑发放对象的针对性和发放方式的集中性，避免不同类型问卷发放合并中出现的均值显著性差异，本研究采用向团委系统集中发放调查问卷的方式采集数据。调查对象是全省的乡镇（街道）团委书记和团委负责人，选取团委系统作为被调查对象具有以下几个特点：其一，由于团委系统的特殊性和专职团干的有限性，现有的乡镇（街道）团委书记绝大多数属于兼职团干，其全职工作单位涵盖了政府机关、企事业单位和其他社会团体，以政府工作人员为主，还有部分团委书记任职乡镇企业和事业单位，所涉及的行业范围较为广泛，能够体现不同社会群体的人员对社会资本和政府信用的评价；其二，共青团组织的自身地位和功能也决定了调查对象选择的合理性，共青团作为执政党的后备军，它广泛凝聚着社会

---

① 来自2010年12月云南省行政区划统计数据。

团体组织，也践行着政府执政的理念，体现了组织的"双重身份"，逐渐成为维系社会团体与政府组织的纽带，因此，基层团组织负责人对于县域社会资本和县级政府信用的看法具有一定的客观性；其三，乡镇（街道）团委书记和团委负责人学历层次都在大专以上，具有在基层实际工作的经历，且跨越不同的机构部门，可以从不同的视角看待问题，完全拥有回答调查问卷中涉及问题的能力，调查结论具有较高的可信度。

本研究采用集中发放问卷方式，充分借助共青团云南省委开展的青年马克思主义者培养工程 2010 年乡镇（街道）团委书记培训班平台，委托团省委组织部负责人连续分三期向培训学员发放问卷，被调查者当场填写好后由组织者现场回收，保证了调查问卷回收的准确性与完整性。

调查问卷的具体发放和回收情况见表 4.3。此次共发放问卷 960 份，回收问卷 950 份，其中有效问卷 886 份，问卷回收率和有效问卷率分别达到 98.96% 和 92.29%[①]，完全符合统计研究的数据样本要求。

表 4.3　　　　　　　　调查问卷发放和回收情况

发放期次	第一期	第二期	第三期	总计
发放数量（份）	407	428	125	960
回收数量（份）	404	426	120	950
问卷回收率（%）	99.26	99.53	96.00	98.96
有效问卷数量（份）	378	407	101	886
有效问卷率（%）	92.87	95.09	80.80	92.29

资料来源：本研究整理。

[①] 这里的有效问卷数已经剔除了被调查者在回答全局题项（Global Item）中小于 4 分的调查问卷，即剔除了不愿意真实表达看法的问卷，在方法上有效确保了问卷质量，这部分问卷数为 42 份。

第三节 主要分析方法

数据分析工具的选择是否合适，关系到数据处理的适用性和假设检验是否科学，本研究在借鉴社会科学研究领域的统计分析方法基础上，结合社会资本与政府信用关系的假设，主要采用了单因素方差分析、验证性因子分析和结构方程模型等分析方法，这三种分析工具的运用在于测度不同的研究结果。具体而言，单因素方差分析在于检验不同县域的社会资本、政府信用水平是否具有显著性差异；验证性因子分析在于考量理论构思形成的合成指标是否科学、合理，也为结构方程模型的构建奠定基础；结构方程模型综合测度了显变量与潜变量之间的作用关系和作用强度，进而为信用政府建构的路径提供数据支撑。

一 单因素方差分析

单因素方差分析起源于对多套实验方案效果的对比分析，可以用来检验多组相关样本之间均值有无显著差异（马庆国，2002）。本研究以县级行政区划为研究对象，这里必然涉及不同县级区域之间的差异性问题，包括社会资本存量和县级政府的信用水平，因此，涉及以区域为标志的单一因素就是本研究所采用的单因素方差分析。这里，主要以县级区域因素为标志，研究不同地区之间的社会资本存量、县级政府信用水平是否具有显著性差异。

二 验证性因子分析

本研究设计的调查问卷共有 26 个问题，其中，涉及政府信用变量的问题有 10 个，涉及社会资本变量的问题有 16 个。在调查问卷设计过程中，综合考虑对同一问题不同角度的测试，就会出现不同的测试题项，进而形成了共同性因素问题。因此，运用验证性因子分析能够更好地检验理论模型中拟合的共性指标的科学性，它能够允许研究者明确描述一个理论模型中的细节。当使用多个测度项之后，运用效度检验考量一个测度项是否与其所设计的因子有显著的载荷。

三 结构方程模型

结构方程模型（Structural Equation Modeling，SEM）是一门基于统计分析技术的研究方法，它综合运用多元回归分析、验证性因子分析、通径分析等数据统计分析工具，可以用来解释一个或多个自变量与一个或多个因变量之间的关系，能够较好地刻画自变量对因变量的直接和间接影响，目前已经广泛运用于心理学、经济学、管理学、社会学等领域中，而将结构方程模型直接运用到公共管理领域中至今仍不多见，主要与公共管理领域指标设计及实际测度难度有关。

第四节 实证分析基本步骤

本研究对问卷设计、样本选取、数据采集和主要分析方法进行了较为详细的阐述，有力支撑了社会资本与政府信用关系的实证分析。在此基础上，分别采用描述性统计分析、样本的信度和效度检验、单因素方差分析、验证性因子分析，对调查样本进行较为全面、系统的宏观把握，最终为结构方程模型构建和假设检验的实现奠定了基础。

一 样本的描述性统计分析

描述性统计分析主要是对被调查者的背景资料、样本的基本信息进行统计分析，以描述样本的基本特性、社会信任概况及比例分布状况，其中，被调查者的背景资料包括性别、政治面貌和工作单位；样本的基本信息包括干群关系、人际关系、道德秩序、腐败程度、社会信任等。通过对有效调查样本进行初步分析，可以从背景资料中看出被调查者的人口统计特征，从基本信息中显示样本区域社会资本和社会信用的总体概况，具体见表4.4、表4.5。

第四章 社会资本与政府信用关系的实证分析

表4.4 被调查者的人口统计特征

人口统计特征	分类	频次（人）	频率（%）
性别	男性	380	42.89
	女性	506	57.11
政治面貌	中共党员	567	63.99
	共青团员	295	33.30
	群众	24	2.71
工作单位	政府机关	697	78.67
	企业单位	6	0.68
	事业单位	149	16.82
	社会团体	34	3.83

从表4.4中可以看出，被调查者在性别、政治面貌分布上比较合理，被调查者的工作单位以政府机关为主，占有效样本的78.67%，在企事业单位工作的有155人，占有效样本的17.50%，基本涵盖了所有的社会组织类型，是对县域社会资本存量和政府信用水平较为全面的评价判断，且这类被调查者具有丰富的基层工作经历，能够较好地对有关社会资本描述的基本事实和地方政府信用水平作出恰当判断。

从图4.1中可以看出，本研究采集的调查样本涵盖了云南省所有的县级区域，囿于县级调查样本数据的繁多，无法逐一表现每个县级区域被调查者的人数，这里将县级区域整合为市（州）级行政区划，分别体现在云南省16个市、州，但不同区域的样本分布不均衡。被调查者主要集中分布在曲靖市、昭通市、大理白族自治州、楚雄彝族自治州和红河哈尼彝族自治州，分别占有效样本数的9.83%、9.72%、9.50%、8.38%和8.27%；被调查者分布较少的是西双版纳傣族自治州、德宏傣族景颇族自治州、迪庆藏族自治州和怒江傈僳族自治州，分别占有效样本数的2.35%、2.68%、2.80%和3.02%。调查样本区域分布的差异性主要是由县级行政区划个数决定的，同时也受被调查者人数的影响。总体来看，调查样本基本上符合统计抽样

信用政府建构及治理能力现代化

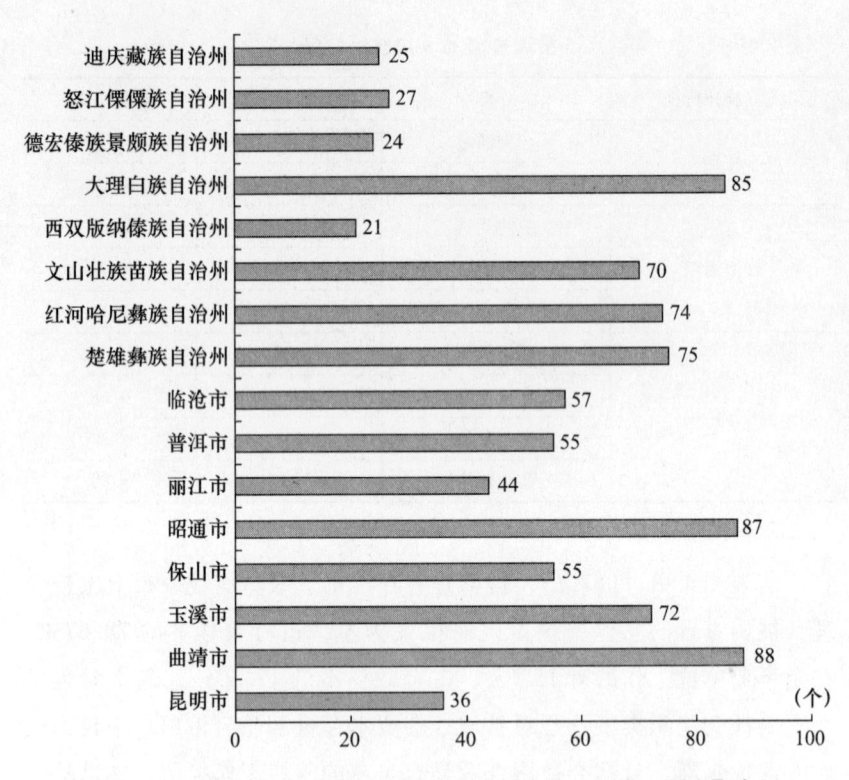

地区	样本数
迪庆藏族自治州	25
怒江傈僳族自治州	27
德宏傣族景颇族自治州	24
大理白族自治州	85
西双版纳傣族自治州	21
文山壮族苗族自治州	70
红河哈尼族彝族自治州	74
楚雄彝族自治州	75
临沧市	57
普洱市	55
丽江市	44
昭通市	87
保山市	55
玉溪市	72
曲靖市	88
昆明市	36

图 4.1 云南省 129 个县域行政区的调查样本数（以市、州为聚合）

和研究实际的要求，同时也避免了样本单一造成的偶然因素，使得实证调查研究的结果具有较强的现实意义。

一方面，社会资本的总体概况可以从人际关系、道德秩序和社会信任三个方面进行衡量，一个区域的信任关系和道德秩序水平决定着社会资本的存量，社会网络的密集度和网络资源的丰裕度决定了社会资本的质量。从表 4.5 中可以看出，跟改革开放以前相比，人际关系和社会信任都呈现出下降的趋势，分别占有效样本数的 72.0% 和 83.4%，构成社会资本最基本的信任关系在西部地区没有完全建立，仍然停留在以血缘亲属为判断依据的关系信任范围内，经济、社会制度的内生力量没有完全体现；而对于道德秩序的判断却处于分化态势，跟改革开放以前相比，46.4% 的被调查者认为道德秩序呈现出下降趋势，46.9% 的被调查者则认为道德秩序呈现出提高趋势，这可能

第四章 社会资本与政府信用关系的实证分析

与社会规范程度和区域文化背景有关，有待于进一步证实。

表 4.5　　　　　　　　基本信息的描述性统计　　　　　　　单位:%

干群关系	紧张	无变化	改善	不知道	总计
	38.8	1.7	53.0	6.5	100
人际关系	疏远	无变化	密切	不知道	总计
	72.0	1.9	22.7	3.4	100
道德秩序	下降	无变化	提高	不知道	总计
	46.4	2.1	46.9	4.6	100
腐败程度	下降	无变化	提高	不知道	总计
	11.4	4.5	71.3	12.8	100
社会信任	下降	无变化	提高	不知道	总计
	83.4	3.1	9.1	4.4	100

另一方面，政府信用的总体概况可以从政府公信和政府能力两个方面进行衡量。通常而言，政府公信是社会公众（包括政府官员）对政府的行政行为和行为主体形象等予以外化的表现进行的主观评价，它是从政府官员与社会公众关系的角度来分析地方政府信用的总体水平的。从表4.5中可以看出，干群关系和腐败程度最能直接反映地方政府信用，对于干群关系而言，跟改革开放以前相比，53.0%的被调查者认为干群关系有所改善，干群关系的改善更体现了社会公众对于政府官员的依赖和信任；对于腐败程度而言，跟改革开放以前相比，71.3%的被调查者认为政府官员的腐败程度大大提高了，这不仅影响到个人的廉洁，政府合法性也受到严峻挑战，"行政贿赂"、"灰色收入"也对整个社会的信任关系产生了负面影响。从描述性统计分析来看，西部地区的县级地方政府也同样面临着政府信用危机，这也印证了已有文献和调查统计的事实。

二　样本的信度和效度检验

样本数据的可信性和有效性决定着数据分析结果的精确性，样本的信度和效度是衡量数据分析结果精确性的两项重要指标。本研究采用内部一致性来测量变量的信度。通常采用 Cronbach's α 系数来衡量同一概念各项目之间的一致性，一般认为该系数值超过 0.70 表明样本数据通过信度检验（李怀祖，2004），介于 0.70—0.45 之间基本能够接受，而低于 0.45 则应该放弃。表 4.6 列出了本研究对所有变量的信度检验结果。

表 4.6　　　　　129 个县级区域样本变量信度分析结果

主要因素	变量	题项范围	Cronbach's α 值	Item-to-total 最小值	Item-to-total 最大值
社会资本	人际信任	IT – 01—04	0.786	0.309	0.691
	组织信任	OT – 05—07	0.757	0.398	0.637
	网络资源	NR – 08—09	0.623	0.453	0.453
	网络规模	NS – 10—12	0.716	0.190	0.558
	社会规范	SN – 13—16	0.785	0.215	0.730
政府信用	政府能力	GC – 01—05	0.785	0.251	0.597
	政府公信	GE – 06—10	0.819	0.404	0.562

从表 4.6 中可以看出，本研究所采用的所有题项，除了"网络资源"变量的 Cronbach's α 系数为 0.623，其他所有变量的 Cronbach's α 系数值都达到了 0.7 以上，符合信度检验的判断标准，"网络资源"变量的信度也属于基本接受范围。对于单项对总项的相关系数（Item-to-total Correlation）而言，最大值除了"网络资源"变量未能达到 0.5，这也印证了内部一致性检验的结果。由此可见，本研究设计的各个量表具有较高信度，变量之间具有较高的内部结构一致性，不足之处在于对"网络资源"指标测度的题项存在一定偏差，在某种程度上可能会影响数理统计分析的结果。

从统计学上讲，效度是指测量结果与某种外部标准（即效标）之间的相关程度，相关程度越高即表明测量结果越有效。根据研究目的的不同，效度评定有多种方法，常用的方法有内容效度、预测效

第四章 社会资本与政府信用关系的实证分析

度、构建效度、聚合效度、辨别效度等,本研究采用内容效度和构建效度两个方面来测量变量的信度。内容效度又称表面效度,主要考察内容是否具有代表性,它也代表了理论建构过程中涵盖研究主题的程度。本研究所构建的信用政府的分析框架是在已有文献研究和专家的访谈的基础上形成的,在此基础上开展问卷预调查进行了修正与完善,可以认为具有较高的内容效度。构建效度主要用于测量因子与理论结构的特质,适合用因子分析进行检验,这将在本节验证性因子分析中予以阐述。

三 单因素方差分析

根据方差分析的适用条件,当各组数据之间具有方差齐性的时候才能进行方差分析,表4.7、表4.8分别列出了社会资本和政府信用测度题项的方差齐性检验结果。研究结果表明:社会资本测度题项中的"我与领导经常保持高度信任"、"我在日常工作中经常与企业单位打交道"、"我在日常工作中时刻遵循单位规章制度"、"我在乘坐公交车时从来没有逃票行为"和政府信用测度题项中的"当地社会治安的安全感"的 Sig. 值均小于 0.05,这类数据不具有方差齐性,不适合方差分析的条件,它们分别涉及人际信任、网络规模、社会规范、政府能力等变量。其他测度题项的 Sig. 值均大于 0.05,适合进行方差分析。

表4.7　　　　县域社会资本的方差齐性检验结果

社会资本测度题项	Levene 统计量	Sig.
我与家庭亲戚经常保持高度信任	0.827	0.648
我与朋友同学经常保持高度信任	1.357	0.162
我与领导经常保持高度信任	1.806	0.030
我与同事经常保持高度信任	1.141	0.314
我认为企业对地方政府信任较高	1.296	0.197
我认为社团对地方政府信任较高	0.996	0.457
我认为高校对地方政府信任较高	0.803	0.675

续表

社会资本测度题项	Levene 统计量	Sig.
我认为工作生活中帮助最大的是家庭亲戚	1.048	0.403
我认为工作生活中帮助最大的是朋友同学	1.017	0.435
我在日常工作中经常与政府部门打交道	1.678	0.050
我在日常工作中经常与企业单位打交道	2.384	0.002
我在日常工作中经常与民间社团打交道	1.156	0.302
我在日常工作中时刻遵循单位规章制度	1.869	0.023
我在帮朋友办事中时刻遵循法律政策	1.680	0.050
我认为政府在社会交往中遵循社会规则	1.496	0.100
我在乘坐公交车时从来没有逃票行为	4.702	0.000

表 4.8 县级地方政府信用的方差齐性检验结果

政府信用测度题项	Levene 统计量	Sig.
当地社会贫富差距程度	0.596	0.880
当地社会治安的安全感	2.725	0.000
当地政府财政支出实际绩效	1.533	0.087
当地政府地方债务负担风险	1.178	0.283
当地政府经济合同的履约率	0.917	0.545
我认为当地政府浪费了许多金钱	1.081	0.370
我认为政府是为少数大的利益集团工作的	0.402	0.979
我无法信任政府大部分时间做正确的事	0.811	0.666
像我这样的人对政府的所作所为没有发言权	1.402	0.139
我认为政府官员并不在乎老百姓想什么	0.843	0.630

方差分析假设 129 个县域的社会资本和县级地方政府信用总体水平没有显著性差异。本研究运用 SPSS16.0 统计软件包对样本数据进行了单因素方差分析处理，表4.9、表4.10 分别列出了 129 个县域的社会资本和地方政府信用总体水平的方差分析结果。

表 4.9　　　　　　　　县域社会资本的方差分析

社会资本测度题项	均方	F 值	Sig.
我与家庭亲戚经常保持高度信任	1.057	0.643	0.840
我与朋友同学经常保持高度信任	3.848	2.333	0.003
我与同事经常保持高度信任	3.429	1.685	0.049
我认为企业对地方政府信任较高	3.737	1.591	0.070
我认为社团对地方政府信任较高	4.255	1.945	0.017
我认为高校对地方政府信任较高	3.625	0.857	0.613
我认为工作生活中帮助最大的是家庭亲戚	2.463	1.132	0.322
我认为工作生活中帮助最大的是朋友同学	1.660	0.819	0.657
我在日常工作中经常与政府部门打交道	3.839	1.881	0.022
我在日常工作中经常与民间社团打交道	5.662	2.063	0.010
我在帮朋友办事中时刻遵循法律政策	3.039	2.519	0.001
我认为政府在社会交往中遵循社会规则	4.710	1.957	0.016

从表 4.9 中可以看出，"我与朋友同学经常保持高度信任"、"我与同事经常保持高度信任"、"我认为社团对地方政府信任较高"、"我在日常工作中经常与政府部门打交道"、"我在日常工作中经常与民间社团打交道"、"我在帮朋友办事中时刻遵循法律政策"、"我认为政府在社会交往中遵循社会规则"的 Sig. 值均小于 0.05，即原假设不成立，说明人际信任、组织信任、网络规模、社会规范中的部分行为方式与运行机制在不同县域是具有显著性差异的，换句话说，至少有一个县域与其他地区之间的上述社会资本存在显著性差异。

社会资本的变迁受到经济发展与转型的影响，处在西部地区的县域经济在市场经济条件下也显现出不同的经济格局，它是县域资本要素流动、区域开放程度和政府管制力度等综合作用的结果。云南的县域除了毗邻省会昆明的地区外，大都分布比较分散，且处于民族自治区域，传统的民间习俗和民族文化使得不同地区的信任关系纽带处在社会资本变迁的中间地带，从而呈现出多种维系信任关系的方式和手段。与此同时，处于偏远山区的县域仍然实行政府主导经济的发展模式，民间团体和社会组织的发育相对滞后，整个社会网络的链条很少触及社会组织领域，造成了网络节点的封闭，形成了一种非均衡的社会网络结构。此外，非正式规则在民族自治区域的作用更为凸显，而正式制度却没有相应地建立，社会潜规则现象也就逐渐滋生，破坏了新制度创新的环境，可以说，遵循法律政策、社会规则具有差异性，既是社会成员合作不同博弈的结果，也是信息资源不对称和传统习俗渗透的结果。

从表4.10中可以看出，"当地社会贫富差距程度"、"当地政府财政支出实际绩效"的 Sig. 值小于 0.05，即原假设不成立，说明政府能力特别是地区贫富差距和财政绩效等方面在不同县域是具有显著性差异的，换句话说，至少有一个县域与其他地区之间的上述政府信用存在显著性差异。

表 4.10　　　　县级地方政府信用的方差分析

政府信用测度题项	均方	F 值	Sig.
当地社会贫富差距程度	3.960	2.280	0.013
当地政府财政支出实际绩效	3.420	2.220	0.016
当地政府地方债务负担风险	2.694	1.709	0.076
当地政府经济合同的履约率	3.586	1.713	0.075
我认为当地政府浪费了许多金钱	0.770	0.654	0.780
我认为政府是为少数大的利益集团工作的	0.840	0.637	0.795
我无法信任政府大部分时间做正确的事	1.307	0.956	0.489
像我这样的人对政府的所作所为没有发言权	1.823	1.293	0.234
我认为政府官员并不在乎老百姓想什么	3.235	0.967	0.448

已有研究表明，地方政府的信用水平与政府层级二者之间具有明显的正相关关系。然而，样本数据也发现，对于同一层级的地方政府信用也存在着显著性差异，主要体现在社会贫富差距和财政支出绩效两个方面，即政府能力层面。一方面，由于受到历史、地理、文化等

因素的影响，县域之间必然存在社会贫富差距，这种差距可以通过城乡居民收入和基尼系数等指标印证。众所周知，社会稳定是经济发展的基础、政府执政的基石，县域贫富差距的拉大特别是民族自治地区与经济发达县域之间的贫富差距的扩大必然增加不稳定的社会因素，导致地方政府信用水平下降。另一方面，财政支出绩效也是造成县级地方政府信用显著性差异的又一原因，公共财政作为县级政府履行职能的重要工具和资源配置的重要手段，在新型城镇化建设中肩负着重要职责，然而，许多县级财政财权事权不匹配，财政支出缺乏监督，使得财政资金在部分偏远地区用于大搞"形象工程"、"政绩工程"，而用于社会管理和公共服务的资金却出现严重缺口，可能引起社会公众对公共财政分配产生质疑。由此可见，社会贫富差距和财政支出绩效是相互关联的，对于一些县域实力较强的地区，城镇化和工业化所产生的资本效应为公共财政的"蓄水池"积累了雄厚资金，也使得地方政府能够将公共财政更多地投入民生领域，最大限度缩小地区贫富差距。因此，社会贫富差距和财政支出绩效引起的地方政府信用水平差异是市场经济发展和政府转型的必然。

四 验证性因子分析

采用因子分析对获取的问卷数据进行公共因子提取，通常被认为是检验构建效度的常用方法（吴明隆，2003）。在验证性因子分析前，需要对变量进行KMO检验，测定变量之间的偏相关性。一般而言，KMO统计量在0.7以上，效果较好；在0.5以下，不适合用主成分分析方法。

（一）信任关系的因子分析

在对模型中7个表征信任关系特征的题项进行因子分析之前，需要进行KMO检验和巴特利球体检验，分析结果显示：KMO = 0.771 > 0.7，巴特利球体检验的 λ^2 统计值的显著性概率为0.000，小于0.001，说明非常适合做因子分析。取特征值大于1的主成分作为因子，得到2个共同因子，共解释了总体方差的66.87%，与指标设置时变量结构基本一致，说明信任关系的指标设置具备构建效度。各变量所对应的因子载荷见表 4.11。

表 4.11　　　　　　旋转后的信任关系因子载荷

题项		因子负荷系数	
		变量 1	变量 2
人际信任	IT-01	-0.001	0.834
	IT-02	0.113	0.881
	IT-03	0.609	0.530
	IT-04	0.559	0.574
组织信任	OT-05	0.819	0.138
	OT-06	0.840	0.112
	OT-07	0.703	-0.003

研究发现，指标 IT-03"我与领导经常保持高度信任"和指标 IT-04"我与同事经常保持高度信任"不能归入因子 2，也不能归入因子 1，这表明对该题项的设计没有充分考虑区域特点。正如前面所说，由于云南属于少数民族聚居的省份，市场开放程度较低，特别是受传统习俗的影响，许多偏远的民族自治地区社会群体的信任关系纽带仍然处于家庭亲属周围，对于正式组织中的领导、同事不够信任，加之社会规范不够健全，使得这些以制度准则形成的信任链不够牢固。因此，鉴于调查样本区域的特殊性，本研究对测量模型进行微调，将这两个变量从模型中抽出，从而调整后的量表中由 2 个指标（即 IT-01、IT-02）来表征人际信任。

（二）社会网络的因子分析

在对模型中 7 个表征社会网络特征的题项进行因子分析之前，需要进行 KMO 检验和巴特利球体检验，分析结果显示：KMO = 0.584 > 0.5，巴特利球体检验的 λ^2 统计值的显著性概率为 0.000，小于 0.001，说明比较适合做因子分析。取特征值大于 1 的主成分作为因子，得到 2 个共同因子，共解释了总体方差的 65.074%，与指标设置时变量结构基本一致，说明社会网络的指标设置具备构建效度。各变量所对应的因子载荷见表 4.12。

表 4.12 旋转后的社会网络因子载荷

题项		因子负荷系数	
		变量 1	变量 2
网络资源	NR-01	-0.109	0.846
	NR-02	0.148	0.802
网络规模	NS-03	0.352	0.478
	NS-04	0.855	0.138
	NS-05	0.870	0.002

研究发现，指标 NS-03 "我在日常生活中经常与政府部门打交道"不能归入因子 2，也不能归入因子 1，这表明对该题项的设计初始构思并不恰当，由于政府组织的特殊性，它与企业、社会团体具有差异性，政府面对的群体是社会公众，而并非特定的某一群体，这就决定了政府与社会公众、其他组织的交往具有复杂性。对于一般在政府部门任职界定为具有联系，还是将参与政府决策调查、旁听等视为"打交道"，这些在题项构思中可能有所忽视。因此，鉴于政府交往界定标准的模糊性，本研究对测量模型进行微调，将这个变量从模型中抽出，从而调整后的量表中由 2 个指标（即 NS-04、NS-05）来表征网络规模。

（三）社会规范的因子分析

在对模型中 4 个表征社会网络特征的题项进行因子分析之前，需要进行 KMO 检验和巴特利球体检验，分析结果显示：KMO = 0.739 > 0.7，巴特利球体检验的 λ^2 统计值的显著性概率为 0.000，小于 0.001，说明非常适合做因子分析。取特征值大于 1 的主成分作为因子，得到 1 个共同因子，共解释了总体方差的 61.602%，与指标设置时变量结构基本一致，说明社会规范的设置具备构建效度。

（四）政府信用的因子分析

在对模型中 10 个表征政府信用特征的题项进行因子分析之前，

需要进行 KMO 检验和巴特利球体检验，分析结果显示：KMO = 0.844 > 0.7，巴特利球体检验的 λ^2 统计值的显著性概率为 0.000，小于 0.001，说明非常适合做因子分析。各变量所对应的因子载荷见表 4.13。

表 4.13　　　　　　　旋转后的政府信用因子载荷

题项		因子负荷系数	
		变量 1	变量 2
政府能力	GC-01	0.022	0.620
	GC-02	0.060	0.689
	GC-03	0.247	0.781
	GC-04	0.154	0.774
	GC-05	0.250	0.729
政府公信	GE-06	0.689	0.166
	GE-07	0.775	0.114
	GE-08	0.796	0.130
	GE-09	0.721	0.082
	GE-10	0.765	0.182

（五）构建效度的评价：验证性因子分析的结果

通过对信任关系、社会网络、社会规范和政府信用进行验证性因子分析，所提取的共同因子大多能够有效解释变量的结构特质，与信用政府的建构框架内容具有一致性。研究结果也表明，人际信任与网络规模中仍然存在三个题项缺乏解释力，这既与调查问卷设计有关，也与样本调查对象有关。为了保证总体研究的构建效度，本研究最终删除了以上三个题项。

第五节　实证分析结果：结构方程模型的构建

结构方程模型（SEM）具有验证性功能，是对复杂理论模型进行处理的有效统计工具,它能够根据模型与数据关系的一致性程度,对理论模型做出适当的评价,从而证实概念模型中提出的研究假设。

一 结构方程模型的变量及路径

通过样本效度和信度检验,在对一些不符合指标进行修正剔除后,信任关系、社会网络、社会规范、政府信用及其组成维度的信度和效度均达到了标准,符合了结构方程模型拟合的基本前提。本研究运用 AMOS17.0 软件画出了初始结构方程路径图,如图4.2所示。

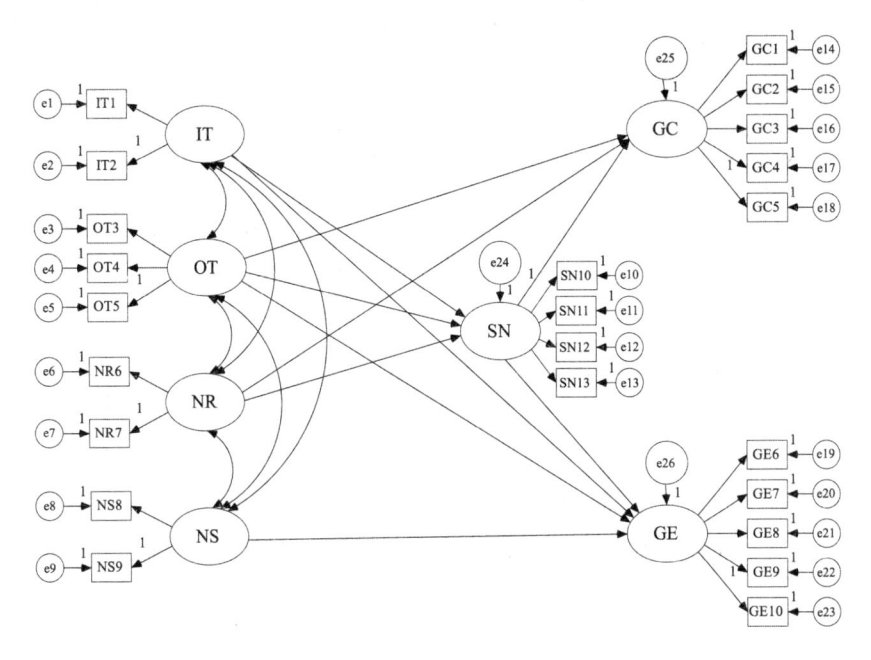

图4.2 初始结构方程路径图(SEM)

(一)结构方程模型的变量设置

设置13个有关社会资本的外生显变量,分别为IT1、IT2、OT3、OT4、OT5、NR6、NR7、NS8、NS9、SN10、SN11、SN12、SN13。通过这13个外生显变量测量5个有关社会资本要素的外生潜变量,它们分别是：IT——人际信任；OT——组织信任；NR——网络资源；NS——网络规模；SN——社会规范。

设置 10 个有关政府信用的内生显变量，分别为 GC1、GC2、GC3、GC4、GC5、GE6、GE7、GE8、GE9、GE10。通过这 10 个内生显变量测量两个有关政府信用要素的内生潜变量，它们分别是：GC——政府能力；GE——政府公信。

设置了 23 个显变量的残余变量（e1，e2，…，e23），设置了 3 个潜变量的残余变量（e24，e25，e26）。

（二）结构方程模型的初始路径

在初始的结构方程模型中，分别从直接影响和间接影响两个方面设置了 13 条初始假设路径，它们分别是：

（1）设置了 7 条路径，即 5 个外生潜变量（IT、OT、NR、NS、SN）对 2 个内生潜变量（GC、GE）产生的直接影响；

（2）设置了 6 条路径，即 3 个外生潜变量（IT、OT、NR）通过 1 个外生潜变量（SN）对 2 个内生潜变量（GC、GE）产生的间接影响，这里充分考虑了社会资本内在变量之间的相互作用关系。

二 初始模型的拟合结果

在 AMOS 中建立的初始结构方程路径图中导入 SPSS16.0 统计软件包相应的数据后，经过 AMOS Graphics 的第一次迭代运算，得到了 SEM 模型估计的各个指标，运算结果如图 4.3 所示。初始模型中的各个潜在变量所有观测的指标因子负荷量均达到显著水平，且测量误差项也没有出现负值，这表明设定的理论模型完全满足基本拟合标准。

（一）结构方程模型评价的主要指标及参考值

有关模型适配度的评价有许多不同的观点，但学者博格瑞（Bogozzi）和依（Yi，1988）的观点较被认可。他们认为假设模型与实际数据是否契合，必须同时考虑三个方面：基本适配度指标（Preliminary Fit Criteria）、整体适配度指标（Overall Model Fit）和模

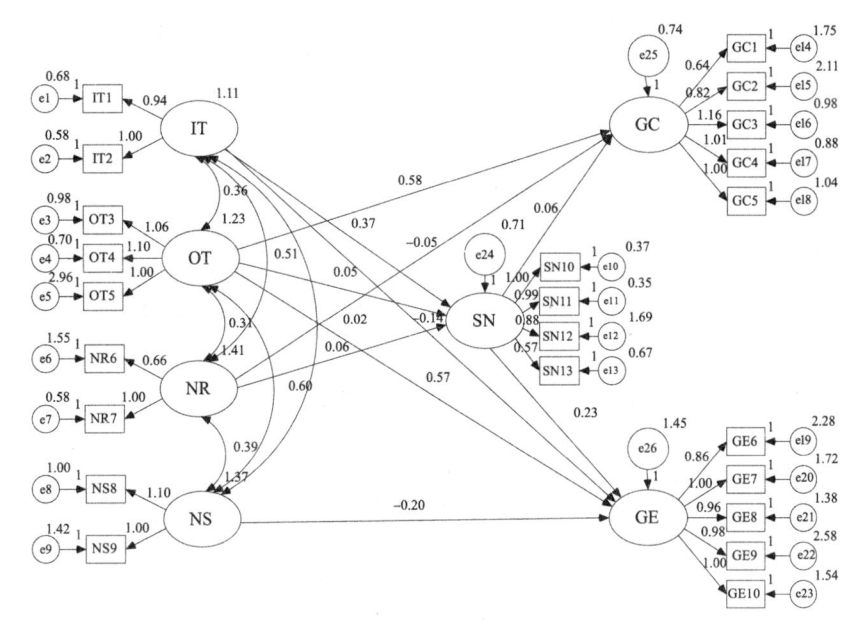

第四章　社会资本与政府信用关系的实证分析

图4.3　初始结构方程模型（SEM）

型内在结构适配度指标①（Fit of Internal Structural Model）。本研究将遵循以上三个方面的判断准则进行模型评价与修正。

基本适配度指标是用来检验模型的误差以及是否存在误输入等问题，主要包括以下四个基本准则：估计参数中不能有负的误差方差；所有误差变异必须达到显著水平；因子负荷应介于 0.5—0.95 之间，不能有很大的标准误差；估计参数统计量彼此间相关的绝对值不能太接近1。

整体适配度指标是用于评价模型与数据的拟合程度，本研究在借鉴已有研究评价指标的基础上，根据 AMOS 文字输出报表的估计量数最终选取了 χ^2、CN、CMIN/DF、RMSEA、GFI、CFI、IFI、TLI 八类指数作为评价模型的拟合指数，具体判别标准的参考值见

---

① 模型内在结构适配度指标是用于检验模型的内在质量，主要是对测量模型和结构模型的评价，即建构的效度与信度检验。效度反映的是指标变量对于测量的潜在特质实际测量的程度。信度反映的是测量的一致性问题。关于模型的内在结构适度问题已在前文进行了说明，这里不予重复。

· 97 ·

表 4.14。

表 4.14　　　　　SEM 评价的主要指标及参考值

拟合指标	参考值	拟合指标	参考值
χ^2	>0	GFI	>0.90 以上
CN	>200	CFI	>0.90 以上
CMIN/DF	≤3（简约适配）	IFI	>0.90 以上
RMSEA	<0.08（适配合理）	TLI	>0.90 以上

资料来源：本研究整理。

（二）结构方程模型初始拟合的分析

表 4.15 列出了初始结构方程模型拟合的统计值，其中 χ^2 为 785.31，自由度为 214，CMIN/DF 值为 3.67，表明拟合效果尚可。此外，RMSEA 值为 0.05，低于 0.06 的参考值；GFI、CFI、IFI 和 TLI 值分别为 0.92、0.91、0.91 和 0.90，均接近或大于 0.90 的参考值。以上统计拟合指标除 CMIN/DF 值外，初步表明初始的结构方程模型（SEM）拟合效果较好。

表 4.15　　　　　初始 SEM 拟合的统计值

拟合指标	拟合统计值	参考值	拟合指标	拟合统计值	参考值
χ^2	785.31	>0	GFI	0.92	>0.90 以上
DF	214	>0	CFI	0.91	>0.90 以上
CMIN/DF	3.67	≤3	IFI	0.91	>0.90 以上
RMSEA	0.05	<0.06	TLI	0.90	>0.90 以上

表 4.16 列出了初始结构方程模型的路径系数，结果表明，结构方程模型中大部分路径系数在 $p \leq 0.10$ 的水平上具有统计显著性，其中，初始结构方程中有 3 条路径未达到拟合要求，即：

①λ_{18}：SN←OT；　②λ_{23}：GC←NR；　③λ_{31}：GC←SN。

表 4.16　　　　　　　　　初始 SEM 的路径系数

路径标识	路径	标准化估计值	估计值	S. E.	C. R.	p	Label
SN←NR	社会规范←网络资源	0.08	0.06	0.04	1.65	0.10	λ_{17}
SN←OT	社会规范←组织信任	0.06	0.05	0.04	1.44	0.15	λ_{18}
SN←IT	社会规范←人际信任	0.41	0.37	0.05	8.30	***	λ_{26}
GC←OT	政府能力←组织信任	0.60	0.58	0.05	10.94	***	λ_{22}
GC←NR	政府能力←网络资源	-0.06	-0.05	0.04	-1.45	0.15	λ_{23}
GE←OT	政府公信←组织信任	0.47	0.57	0.07	7.87	***	λ_{24}
GE←IT	政府公信←人际信任	-0.11	-0.14	0.06	-2.25	0.02	λ_{25}
GE←NS	政府公信←网络规模	-0.17	-0.20	0.06	-3.41	***	λ_{30}
GC←SN	政府能力←社会规范	0.06	0.06	0.04	1.47	0.14	λ_{31}
GE←SN	政府公信←社会规范	0.16	0.23	0.06	3.59	***	λ_{32}

注：＊＊＊表示 $p<0.001$。

三　第一次模型的修正

由于所构建的初始结构方程模型可能存在一些问题，或许是理论构思上的偏差，或许是模型数据内在的关联性有待进一步探讨，从而出现了 3 条路径未达到拟合要求，因此，本研究需要对初始结构方程模型进行修正。从表 4.16 中可以看出，其中两条路径都与政府能力有关，网络资源的密集度与政府能力的提升未能显示出直接作用，虽然已有文献研究了网络结构的密集程度与企业绩效之间存在正相关关系，但是将这种关系移植到政府组织中，可能会存在社会网络资源的分布和组织属性的差异，从而割裂了二者的直接作用关系；与此同时，样本区域中社会规范在社会交往和组织合作中没有降低交易成本，非契约型的习俗文化仍然在县域社会资本中占据主导地位，导致制度创新缺乏适合的环境，使得社会规范未能支撑政府的能力建设。

研究结果还表明，社会资本对政府公信的直接作用或间接作用均具有显著性，而对于政府能力的直接作用在初始模型中仅体现在组织信任与政府能力关系上。从政府信用的概念界定中不难发现，政府能力是政府信用的外在体现，而政府公信则是政府信用的内在要义。因此，可以判断社会资本对政府信用作用路径会通过政府能力最终影响政府公信。

根据以上的理论分析和数据表征，本研究删除与政府能力有关的两条路径（λ_{23}和λ_{31}），同时增加政府能力对政府公信（GE←GC），进行模型第一次修正。删除路径 GC←NR 和 GC←SN 后，导入SPSS16.0统计软件包相应的数据再次进行 AMOS 拟合运算，运算结果如图4.4所示。

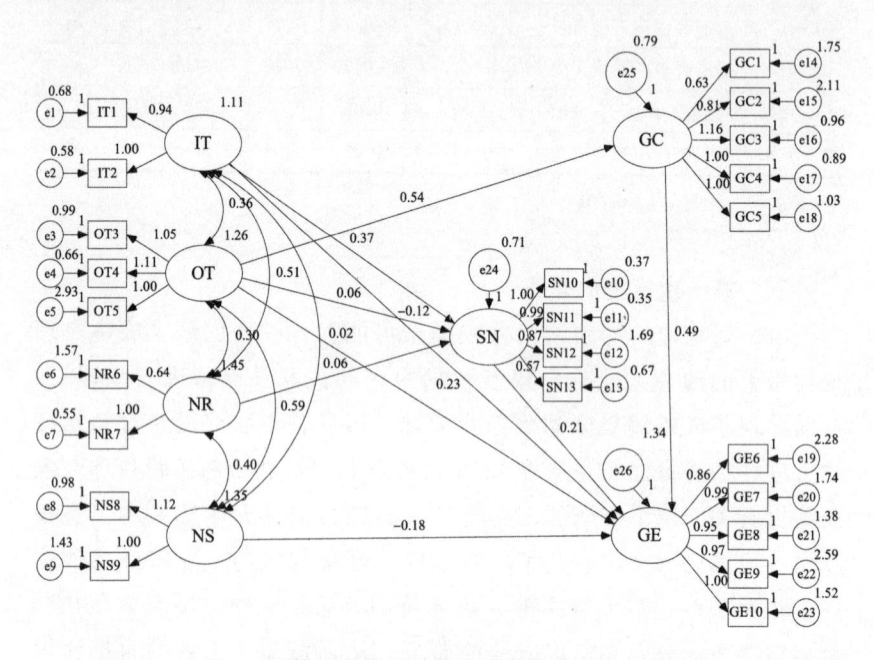

图4.4 第一次修正后的结构方程模型（SEM）

表4.17列出了第一次修正后的结构方程模型拟合的统计值，其中 χ^2 为726.31，自由度为215，CMIN/DF 值为3.38，表明已经呈现大幅下降趋势。此外，RMSEA 值为 0.05，低于 0.06 的参考值；GFI、CFI、IFI 和 TLI 值分别为 0.93、0.92、0.92 和 0.91，已经大于 0.90 的参考值。经过第一次模型的修正，拟合效果逐渐趋好。

表 4.17　　　　　第一次修正后 SEM 拟合的统计值

拟合指标	拟合统计值	参考值	拟合指标	拟合统计值	参考值
χ^2	726.31	>0	GFI	0.93	>0.90 以上
DF	215	>0	CFI	0.92	>0.90 以上
CMIN/DF	3.38	≤3	IFI	0.92	>0.90 以上
RMSEA	0.05	<0.06	TLI	0.91	>0.90 以上

表 4.18 列出了第一次修正后结构方程模型的路径系数，结果表明，结构方程模型中所有的路径系数在 p≤0.10 水平上具有统计显著性，所有路径均已达到显著水平，且新增加的路径也达到显著水平。

表 4.18　　　　　第一次修正后 SEM 的路径系数

路径标识	路径	标准化估计值	估计值	S.E.	C.R.	p	Label
SN←NR	社会规范←网络资源	0.07	0.06	0.04	1.65	0.10	λ_{17}
SN←OT	社会规范←组织信任	0.07	0.06	0.03	1.65	0.10	λ_{18}
SN←IT	社会规范←人际信任	0.41	0.37	0.04	8.31	***	λ_{25}
GC←OT	政府能力←组织信任	0.56	0.54	0.05	11.00	***	λ_{22}
GE←OT	政府公信←组织信任	0.19	0.23	0.07	3.19	0.00	λ_{23}
GE←IT	政府公信←人际信任	-0.10	-0.12	0.06	-1.99	0.05	λ_{24}
GE←NS	政府公信←网络规模	-0.16	-0.18	0.06	-3.22	0.00	λ_{29}
GE←SN	政府公信←社会规范	0.15	0.21	0.06	3.44	***	λ_{30}

注：＊＊＊表示 p<0.001。

四　第二次模型的修正及模型确定

通过第一次模型的修正，模型拟合效果进一步提升，所有假设路径均已达到显著水平。然而，CMIN/DF 值仍然相对较高，这可以从内在变量的相关性和残差变量入手进行修正。研究结果发现，人际信任与网络规模的相关性很低（相关系数仅为 0.05），因此，删除人际信任与网络规模相关的路径。与此同时，e12 与 e13、e14 与 e15 的 CR 值最大，表明如果增加 GC1 与 GC2、SN12 与 SN13 之间的残差相关的路径，则模型的卡方值会减小。理论研究也表明，一个地区的社会贫富差距与社会治安的安全感具有密切关系，特别是西部地区的县域中，社会犯罪率与当地的贫富差距呈正相关关系，由于地方政府在社会管理领域缺乏创新，地区贫富差距的扩大化直接诱发了社会不稳定因素的上升，而社会治安的安全感是最为直接的测量指标。综上所述，本研究删除人际信任与网络规模相关的路径，增加 GC1 与 GC2、SN12 与 SN13 之间的残差相关的路径。之后，导入 SPSS16.0 统计软件包相应的数据再次进行 AMOS 拟合运算，运算结果如图 4.5 所示。

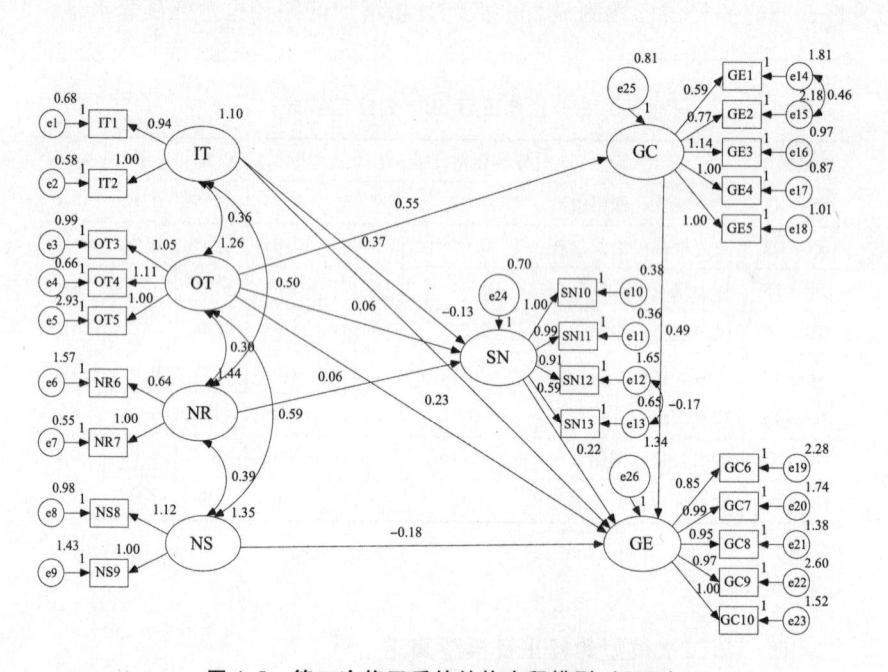

图 4.5 第二次修正后的结构方程模型（SEM）

第二次修正后的模型中的各个潜在变量所有观测的指标因子负荷量均达到显著水平，且测量误差项也没有出现负值，这表明设定的理论模型完全满足基本拟合标准。表 4.19 列出了第二次修正后的结构方程模型拟合的统计值，其中 χ^2 为 662.26，自由度为 214，CMIN/

DF 值为 3.09,已经基本趋近于参考值。此外,RMSEA 值为 0.05,低于 0.06 的参考值;GFI、CFI、IFI 和 TLI 值分别为 0.94、0.93、0.93 和 0.92,已经大于 0.90 的参考值。

表 4.19　　　　第二次修正后 SEM 拟合的统计值

拟合指标	拟合统计值	参考值	拟合指标	拟合统计值	参考值
χ^2	662.26	>0	GFI	0.94	>0.90
DF	214	>0	CFI	0.93	>0.90 以上
CMIN/DF	3.09	≤3	IFI	0.93	>0.90 以上
RMSEA	0.05	<0.06	TLI	0.92	>0.90 以上

表 4.20 列出了第二次修正后结构方程模型的路径系数,结果表明,结构方程模型中所有的路径系数在 p≤0.10 的水平上具有统计显著性,所有路径均已达到显著水平。

表 4.20　　　　第二次修正后 SEM 的路径系数

路径标识	路径	标准化估计值	估计值	S.E.	C.R.	p	Label
SN←NR	社会规范←网络资源	0.07	0.06	0.04	1.60	0.10	λ_{17}
SN←OT	社会规范←组织信任	0.07	0.06	0.03	1.83	0.07	λ_{18}
SN←IT	社会规范←人际信任	0.41	0.37	0.04	8.43	***	λ_{25}
GC←OT	政府能力←组织信任	0.56	0.55	0.05	10.99	***	λ_{22}
GE←OT	政府公信←组织信任	0.19	0.23	0.07	3.16	0.00	λ_{23}
GE←IT	政府公信←人际信任	-0.10	-0.13	0.06	-2.02	0.04	λ_{24}
GE←NS	政府公信←网络规模	-0.16	-0.18	0.06	-3.23	0.00	λ_{28}
GE←SN	政府公信←社会规范	0.15	0.22	0.06	3.49	***	λ_{29}
GE←GE	政府公信←政府能力	0.40	0.49	0.06	7.63	***	λ_{30}

注:＊＊＊表示 p<0.001。

表 4.21 还列出了第二次修正后变量的参数估计,因子负荷基本上大于 0.6,体现了各因子负荷在 p<0.001 水平上的显著性。

表 4.21　　　　修正后 SEM 模型中变量的参数估计

变量	路径	标准化估计值	估计值	S.E.	C.R.	p
人际信任	IT1←IT	0.77	0.94	0.06	14.79	***
（IT）	IT2←IT	0.81	1.00	—	—	—
组织信任	OT3←OT	0.76	1.05	0.07	14.94	***
（OT）	OT4←OT	0.84	1.11	0.07	15.21	***
	OT5←OT	0.55	1.00	—	—	—
网络资源	NR6←NR	0.52	0.64	0.09	7.47	***
（NR）	NR7←NR	0.85	1.00	—	—	—
网络规模	NS8←NS	0.80	1.12	0.10	11.12	***
（NS）	NS9←NS	0.70	1.00	—	—	—
	SN10←SN	0.84	1.00	—	—	—
社会规范	SN11←SN	0.84	0.99	0.04	24.86	***
（SN）	SN12←SN	0.56	0.91	0.06	16.21	***
	SN13←SN	0.57	0.59	0.04	16.61	***
	GE1←GE	0.43	0.59	0.05	11.55	***
政府能力	GE2←GE	0.49	0.77	0.06	13.30	***
（GC）	GE3←GE	0.78	1.14	0.06	20.45	***
	GE4←GE	0.76	1.00	0.05	20.00	***
	GE5←GE	0.73	1.00	—	—	—
	GC6←GC	0.61	0.85	0.05	16.33	***
政府公信	GC7←GC	0.71	0.99	0.05	18.94	***
（GE）	GC8←GC	0.74	0.95	0.05	19.53	***
	GC9←GC	0.63	0.97	0.06	16.95	***
	GC10←GC	0.74	1.00	—	—	—

注：因子负荷为标准化值；—表示设为固定；＊＊＊表示 $p<0.001$。

综上所述，经过两次模型修正，各项拟合指标均符合统计要求[①]，并且较初始模型和第一次修正模型的拟合指数均有较大的改

[①] 需要注意的是，一般认为，CMIN/DF 检验在很大程度上受到估计参数及样本数的影响（Rigdon，1995）。

善，也更具有理论依据和现实意义。因此，本研究将第二次修正的模型确定为最终的结构方程模型。

五 假设检验

从表4.21中可以看出，社会资本对政府信用的作用可以分成直接作用和间接作用。第二次修正后的SEM路径系数表明，假设2a、2b、5a、5b均在不同的显著性水平上得到支持，这被认为是一种直接作用。假设6a、7a、7b、8a、8b也在不同的显著性水平上得到支持，这主要是人际信任、组织信任和网络资源通过社会规范影响政府信用，这被认为是一种间接作用。综上所述，本研究假设绝大部分在不同显著性水平上得到了验证，具体汇总情况见表4.22。

表4.22　　　　　　　研究假设验证汇总情况

假设	内容	验证情况
假设1a	人际信任与政府公信之间存在正相关关系	否定
假设2a	组织信任与政府公信之间存在正相关关系	证实
假设2b	组织信任与政府能力之间存在正相关关系	证实
假设3a	网络规模与政府公信之间存在正相关关系	否定
假设4b	网络资源与政府能力之间存在正相关关系	否定
假设5a	社会规范与政府公信之间存在正相关关系	证实
假设5b	社会规范与政府能力之间存在正相关关系	部分证实
假设6a	人际信任通过社会规范对政府公信产生正效应	证实
假设7a	组织信任通过社会规范对政府公信产生正效应	证实
假设7b	组织信任通过社会规范对政府能力产生正效应	部分证实
假设8a	网络资源通过社会规范对政府公信产生正效应	证实
假设8b	网络资源通过社会规范对政府能力产生正效应	部分证实
假设9	人际信任与组织信任之间存在正相关关系	证实
假设10	组织信任与网络资源之间存在正相关关系	证实
假设11	组织信任与网络规模之间存在正相关关系	证实
假设12	网络资源与网络规模之间存在正相关关系	证实

第五章 信用政府建构的探讨：研究结论推广

通过对云南省129个县域的有效样本进行描述性统计分析、单因素方差分析、验证性因子分析和结构方程模型构建，使得研究假设大部分得到证实，也有部分研究假设被否定。总体而言，研究结果基本反映了县域社会资本的总体存量和县级地方政府的信用水平，对于信用政府的建构将产生重要影响。研究结论数据既是对理论研究的有力佐证，也是对特定区域社会资本与政府信用的典型诠释。因此，本研究将在研究结论中进一步探寻信用政府的行动困境和信用政府建构的主要模式。尤其是在西部地区的县域空间内，信用政府的建构遵循的是官僚体制的内在匡正还是社会资本的外在推动，抑或是二元协同发展，这些都是基于研究结论的推广。

第一节 基于实证分析的解释

从研究假设看出，社会资本与政府信用关系体现在不同层面上，既有人际信任、组织信任、网络规模、网络资源和社会规范对政府信用的直接作用，也有人际信任、组织信任、网络资源以社会规范为中介变量对政府信用的间接作用。既有社会资本内在的关联性，也有政府信用内在的传导性，特别是在第一、二次模型修正过程中直接体现了社会资本内在结构要素的相关程度，以及政府信用由外向内的传导作用。因此，需要对结构方程模型的效应进行分解，进而探寻社会资本与政府信用的内在关系。

一 模型的效应分解

为了更进一步说明概念模型的全部影响,需要对其进行效应分解,表 5.1、表 5.2、表 5.3 分别列出了修正模型中的直接效应(Direct Effects)、间接效应(Indirect Effects)和总效应(Total Effects)的统计显著性关系。直接效应表示外生变量到内生变量的直接影响;间接效应是指内生潜变量通过一个或多个中间变量而产生的间接影响;直接效应和间接效应之和为总效应。通过模型效应的分解可以看出社会规范作为中间变量的效应值以及社会资本对政府信用的作用轨迹。

(一)模型的直接效应

由表 5.1 可知,社会资本五个要素对政府信用两个要素的直接效应既有正向效应,也有逆向效应,其中,网络规模与政府公信的直接效应为 -0.16,人际信任与政府公信的直接效应为 -0.10。由此可见,研究结论得出的网络规模和人际信任与政府公信的关系对原假设进行了否定。网络规模的扩大、人际信任的增强都影响着政府公信的提升,尽管产生的逆向效应很小,但也是西部地区县级信用政府建构中必须关注的一个特点,即县域空间内的网络规模往往比较单一。社会网络密度在一定程度上决定着网络组织成员之间的相互认可度,而建立在传统人际信任基础上的社会网络是一个非正式的网络,单一的网络架构和非正式的行动规则制约了对政府组织的信任,这在前面讨论的单一网络中有所涉及。

表 5.1　　　　　　　　第二次修正模型中的直接效应

	网络规模	网络资源	组织信任	人际信任	社会规范	政府能力	政府公信
社会规范(SN)	0.00	0.07	0.07	0.41	0.00	0.00	0.00
政府能力(GC)	0.00	0.00	0.56	0.00	0.00	0.00	0.00
政府公信(GE)	-0.16	0.00	0.19	-0.10	0.15	0.40	0.00

（二）模型的间接效应

由表 5.2 可知，网络资源、组织信任和人际信任三个要素对政府公信存在间接效应，其中，网络资源与政府公信的间接效应为 0.01，组织信任与政府公信的间接效应为 0.23，人际信任与政府公信的间接效应为 0.06。研究数据表明，网络资源、组织信任和人际信任以社会规范为中介变量对政府公信产生作用，组织信任与政府公信的间接效应最为明显，充分显示了以社会规范为准则的强劲力量，特别是人际信任与政府公信的间接效应存在着正相关关系，部分抵消了直接效应中的负相关关系，这也证实了理论构建中以社会规范作为中间变量的科学性，是西部地区县级信用政府建构中必须关注的一个特点，即新正式规则的"本土化"。当前，县域空间内的社会资本处于隐性规约向显性制度变迁的过程中，以人为建构的正式规则已经逐渐在县域合作和经济社会发展中崭露头角，但是，社会规范的正向作用始终依附于社会资本的其他结构要素。这也充分说明了社会规范内在的相互关系，离开了隐性规约的支持，正式规则就有可能成为"空中楼阁"；相反，正式规则的构建也将对隐性规约起到补充和修正作用。模型产生的间接效应从某种程度上彰显了正式规则作为一种新生力量在西部地区县域空间的张力。

表 5.2　　　　　　　　第二次修正模型中的间接效应

	网络规模	网络资源	组织信任	人际信任	社会规范	政府能力	政府公信
社会规范（SN）	0.00	0.00	0.00	0.00	0.00	0.00	0.00
政府能力（GC）	0.00	0.00	0.00	0.00	0.00	0.00	0.00
政府公信（GE）	0.00	0.01	0.23	0.06	0.00	0.00	0.00

（三）模型的总效应

由表 5.3 可知，社会资本每个维度与政府能力的效应只体现了直接效应，直接效应等于总效应，间接效应为 0；社会资本每个维度与政府公信的效应存在直接效应和间接效应的融合，主要体现在网络资源、组织信任和人际信任三个维度。由此可见，社会资本对政府信用作用表现在政府能力和政府公信两个层面,体现了直接效应与间接效应的结合,但直接效应仍然占据主导地位。研究结果还发现,组织信任和人际信任对政府公信的总效应中还存在极少的未分解效应,即直接效应与间接效应之和不等于总效应,相差 0.01 单位。一般来说,如果两个变量之间存在相关关系,但在模型中又找不到共同的前置变量时,从而产生了未分解现象,这也是本研究中出现未分解效应的原因。

表 5.3　　　　　　　　第二次修正模型中的总效应

	网络规模	网络资源	组织信任	人际信任	社会规范	政府能力	政府公信
社会规范（SN）	0.00	0.07	0.07	0.41	0.00	0.00	0.00
政府能力（GC）	0.00	0.00	0.56	0.00	0.00	0.00	0.00
政府公信（GE）	-0.16	0.01	0.43	-0.03	0.15	0.40	0.00

二　社会资本的关联性

英国著名法学家梅因（Henry S. Maine）将社会资本称之为"从身份到契约"的运动,这是社会进步发展的必然,是以家庭依附的逐步消灭以及个人义务不断增长为主要特点。"从身份到契约"运动的发展历程中,社会资本的内在结构要素也呈现出信任关系与社会网络相互交织的状态,而社会规范在整个社会资本中处于一个制衡网络结构和催生社会信任的状态,是信任关系、社会网络与政府信用关系的中间变量。由此可见,社会资本内部存在固有的相关性,尤其是在西部地区的县域空间内,村落、社区是社会资本的重要载体,然而,受乡土文化和民族习俗的影响,传统的人际信任与其他结构要素的关联性仍然较高。

表 5.4 列出了社会资本内在关联的相关系数,这个相关性是以结构方程模型修正后为判定依据的,故而删除了人际信任与网络规模之间的关联性。研究数据表明,组织信任与网络规模的相关系数最高（r=0.45）,人际信任与网络资源的相关系数也在 0.40 以上,这表明社会资本中信任关系与社会网络的关联性最高,具体表现在组织信任

与网络规模、人际信任与网络资源。组织信任作为一种普适主义的信任关系是建立在普遍信任和共同价值理念基础上的，是社会信任高度发达的表征，组织信任的增强促进了个人与个人、组织合作交往的空间，这种规模的扩大比以人际信任为基础的网络空间更具规模、更有效率，是现代社会稳定格局的体现；相反，网络规模的扩大也是社会网络从单一网络走向复杂网络的必然，网络半径的延长与组织信任的纽带具有密切联系，较高的相关性也体现在这种正式关系网络中。从现代经济学角度看，村落、社区作为促进集体行动而形成的固有组织，它很好地反映了组织获取资源和实施有效治理的能力，然而，网络规模的扩大也并不意味着网络资源的丰裕（$r=0.28$），网络资源的获取是建立在网络组织平台之上，其丰裕度和优质性还需要人际信任的内在助推，这是县域经济格局下村落发展演化的结果。由此可见，县域空间内社会资本的内在关联性既体现在每个结构要素的直接相关上，还体现在结构要素的共同作用中，具体见图 5.1。

表 5.4　　　　　第二次修正模型后社会资本的关联性

结构要素关联	相关系数
人际信任（IT）↔组织信任（OT）	0.30
人际信任（IT）↔网络资源（NR）	0.40
组织信任（OT）↔网络资源（NR）	0.22
组织信任（OT）↔网络规模（NS）	0.45
网络资源（NR）↔网络规模（NS）	0.28

在图 5.1 中，圆形区域代表了县域空间的社会资本存量，社会资本存量的多少取决于网络规模的大小和网络资源的丰裕程度，而网络半径的扩张与信任纽带的延展密切关联，尤其是当网络规模扩大到一定程度时，组织信任应该发挥积极作用。研究结果显示，西部地区县域空间网络规模充分凸显了组织信任的重要性，但是汲取网络资源的手段和实现路径却仍与人际信任有着较大关联性，而人际信任与组织信任内在的关联度仅为 0.30，呈现出弱相关性。由此可见，信任关

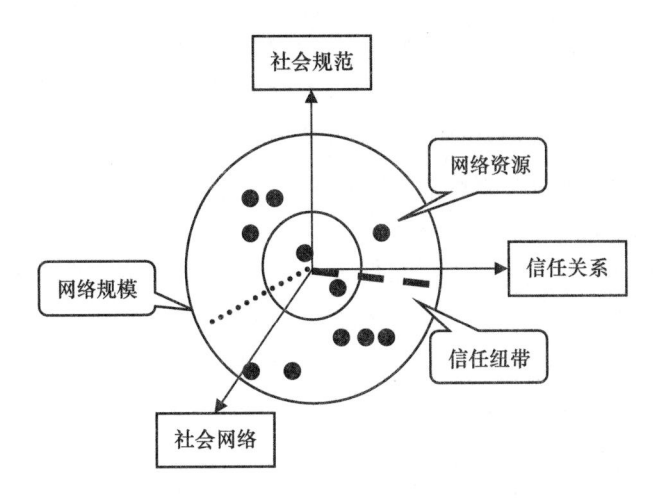

第五章 信用政府建构的探讨：研究结论推广

图 5.1 社会资本的关联性结构图

系纽带分别支撑着网络规模的扩张和网络资源汲取，而社会规范作为关系网络的行动准则与标尺，扮演着维护社会网络稳定性的功能角色。这是本研究对西部地区县域空间社会资本内在关联性的新诠释。

三 政府信用的传导性

政府信用是维系政府运转的重要基础，也是完善整个社会信用体系的重要组成。从政府能力与政府公信的内在关系看，这是一种由内向外逐步影响传递的过程，政府能力是基于经济社会发展水平的综合考量；而政府公信是基于政府目标、合法性和契约水平的综合考量，是内显于政府能力的。行政能力的提升依赖于将行政伦理作为价值基础，而这种行政伦理体现了指引政府行为的作用。政府信用内在结构要素中存在传导性，外在因素影响政府信用是通过政府能力的传导最终体现在政府公信领域，但大多直接作用于政府公信层面。

结构方程模型的两次修正中，专门引入政府能力与政府公信的关联，特别突出了政府能力的传导作用，从而使得模型趋于合理、稳定，基本达到了统计检验标准。由此可见，政府能力对政府公信的传导作用是在模型修正中逐渐形成的，其路径的标准化系数达到了 0.40。政府能力的高低决定着信用水平的高低，最终也必然影响政府在社会公众中的公信力。从修正后的结构方程模型路径图看,既有组织信任与政府公信的关系,也有组织信任以社会规范为中介变量与政府公信的关系,还有组织信任通过政府能力的传导最终影响政府公信,而通过政府能力最终影响政府公信的只有一条路径轨迹,也就是前面提及的第三种方式。

尽管已有研究理论在某种程度上支持了网络资源通过政府能力的传导影响政府公信,但在实证数据拟合中不具有显著性,可能是因为调查样本的县域网络资源效应有限,不足以支撑县级地方政府在处理危机事件、维护社会稳定以及加大政府财政投入中的能力。换言之,政府能力在推动县域经济社会发展中的杠杆效应不够凸显,动员社会资源解决宏观性问题能力不足,其内在原因在于,社会组织的自我发展能力仍然比较薄弱。这种社会资源的无序化、分散化与沿海地区社会组织的有序化、规模化形成鲜明对比。

通常来讲,一般考察政府信用水平主要体现在政府公信力上,它是对政府存在合法性、政府资源配置效率性、政府官员形象的综合评价,而对政府能力要素往往缺乏统一的认识。一个地区的社会贫富差距、社会治安的安全感、债务风险及市场合同的履约率往往是社会组织和公众的第一印象,对政府公信的评价是通过政府能力的传导实现的,而政府公信力所体现的民主、公正、合法性等政治价值对政府能力的影响也更加显著。因此,政府能力的传导性是任何地方政府信用所表现的共性特征,不同之处在于传导路径的多少,它与外部区域的社会资本存量和结构有关。尤其值得关注的是,伴随着简政放权的逐步推进,由此引发的政府职能转变和机构调整都将影响政府能力的提升。这是本研究对西部地区县级地方政府信用中政府能力传导性的新发现,也是基于修正后结构方程模型路径变化的解释。

第二节 信用政府的行动困境

在整个社会面临信任危机的现实环境下,县级地方政府也面临外部资本涌入和内在体制压力的双重考验。人情世故与组织交往并存、

第五章　信用政府建构的探讨：研究结论推广

个人网络与组织网络交互、乡土习俗与正式规则互促，这些引发了对社会资本嵌入方式的思考，对于外部资本的涌入是一个重大的考验；与此同时，政府能力直接体现在官员政绩上，而政府公信也通过依法行政体现，独特的政治晋升路径塑造了特有的信用规则，使之在体制框架内能够"左右逢源"。因此，信用政府存在着自身的行动困境：实证调查样本中的嵌入式社会资本空间何在？压力型政府的信用规则如何？本研究将在实证分析解释的基础上，运用调查访谈和案例分析的研究方法进行解读阐释，这也是对研究结论的进一步拓展。

一　嵌入式社会资本的空间

社会资本理论起源的托克维尔模型认为，正式组织的成员身份创造出了节制、合作、信任和互惠的公民道德（托克维尔，1965）。之后，普特南在分析意大利地区社会资本发展时又提出了主导解释模型，他认为社会资本产生于公民社会中自愿性社团内部个体之间的互动，这种社团被认为是推动公民之间合作的关键机制，并且提供了培育信任的框架。《使民主政治运转起来》一书中写道："这些地区的大多数公民急切地从每天的报纸上读取有关社群事务的消息。他们是为公共问题而忙忙碌碌，而不是代理人式的政治。居民互相信任，行事公正并且遵守法规……重视团结、公民约束、合作和诚实。"这是社会资本起源与发展的最初形态，也是社会资本在特定空间范围内的具体表现。因此，县域空间的社会资本嵌入需要一个互信的信任机制、密集的组织网络和交流的行动载体，其中，组织网络是可以帮助建立合作的一种潜在结构，它对于组织间的协作发展具有重要意义，也是提升政府组织绩效和维系外部网络资源的重要前提。

城市化进程虽然在很大程度上改变了城乡二元格局，自愿社团逐渐取代村落组织，但是县域空间格局仍然是以村庄、村落为主要载体，西部地区的许多县域尤为如此。因此，在关注现代社会解构中自治组织兴起的同时，还必须充分意识到，市场经济发育不充分、不完善的偏远民族地区的组织关系网络，仍然是以裙带主义、地方保护主义、农村家族主义为代表的传统社会网络。社会资本的嵌入在传统与现代的交织中显得苍白无力，加之地方政府信用的缺失，使得社会资本生存的空间逐渐萎缩。笔者通过实地访谈获得了第一手案例资料，在此基础上对社会资本的嵌入空间障碍进行分析，对调查结果展开探讨与思考，进而从外部区域的视角证实信用政府的行动困境。

首先，互信的信任机制是社会资本嵌入的前提条件。无论是发达国家和发展中国家，或多或少都面临着不同的信任危机，对发展中国家而言，社会信任危机也已屡见不鲜，县域空间内信任关系更显得微妙复杂，新型的"熟人—陌生人"互信机制缺乏网络支撑和规则传导，更重要的是一种公共精神的缺失。调查结果显示：72.8%的被调查者认为"我与家庭亲戚经常保持高度信任"，57.1%的被调查者认为"我与朋友同学经常保持高度信任"，仅有31.6%的被调查者认为"我与领导同事经常保持高度信任"；而对于企业、社会团体、高校机构与地方政府的信任关系而言，高度信任的比例分别为18.1%、24.5%和30.5%。这表明了信任关系仍停留在传统的人际信任上，组织信任度处于较低水平，一个互信的信任机制没有正式形成。

其次，密集的组织网络是社会资本嵌入的特殊形态。密集的组织网络建立在一定程度上充当了不完全竞争市场的功能，运用特殊的集体规则触动参与网络竞争的个体，在此基础上产生约束激励机制，特别是在多重分布网络格局中，主网络与次级网络之间具有协同效应，形成一种特有的"机会的结构"，维护整个组织网络中协作关系的平衡（劳曼，2003）。组织的持久和成功就是它和其他组织进行多元互动的直接效果，这种互动也是解释组织间协作形成的变量，网络成员间的持续互动和它们至少对一些价值的共享可能产生一种足够的信任，从而更有效地解决问题并消除一些潜在冲突。笔者在调查访谈中也发现了县域组织网络的特殊性。一位调查样本区域的人士如是说：

在我老家农村干部的交往联系单上，从中央到地方的各级家

第五章　信用政府建构的探讨：研究结论推广

乡领导都有，就是没有海内外家乡的专家学者。我为家乡引进30多亿元的生态开发项目，竟然被家乡拒之门外，因为我不是名册上的人，所以地方领导才不理你；而他们修路或修祖坟，却要我出上千元或几百元。当时我十分不解，今天明白了：因为我们是一个官本位的社会，我们各级领导真正需要的是上面的权力，而并不是家乡的经济发展。也正因为如此，所以我们家乡的干部跑政府补贴十分积极，因为这是一个不需要回报的过程。而投资却需要经营，所以没有任何领导真正愿意跑市场化的投资项目，而只需要花费些精力把政府项目向家乡倾斜，这样就能造就一批富翁，这就是我们今天的社会。

在与当地一位企业人士交流中可以看出，县域空间的组织网络并不是一种涵盖广泛的群体网络，而是针对某一特定群体而编织汇成的网络，这种特定群体就是领导干部。传统的网络组织中网络资源密集分布在政府组织，而对于其他组织群体的资源却很少关注。县域经济发展的最终目的，也是为了实现地方政府领导的政治晋升，这也与后面所提的压力型政府下的体制弊病存在关联。

县域组织网络的特殊性主要表现在社会结构、网络资源分布的非均衡性和个体价值取向的功利性。当前，企业总部往往设置在资源要素丰富的发达城市，技术研发中心以及技术管理人才也不会在县域集聚，诸多的民间社团、非营利性组织发展依靠的资金支持缺乏保障，诸多因素造成了西部地区县域网络的单一性。无论是个体的交际网络还是组织网络都向政府靠拢，特别是传统官本位思想在市场经济不发达地区仍然保留了生存的空间，然而，这种单一性与前面提及的单一网络有所不同，它突破了血缘亲属关系的基础网络，扩展到与政府领导发生关联的地缘关系，但是也没有真正跨越到复杂网络。如果从复杂网络视角看，那么复杂网络诱发形成的"结构洞"就是政府，它占据了县域社会网络系统中所有资源的优势。这也正是关于"交往联系单"中表述的潜在内涵。

最后，多元的交流活动是社会资本嵌入的行动载体。交流活动的多元化使得网络之间的融合度更加密切，这种密切程度依赖于互动交流的内涵。一般来说，交流的目的在于提升组织成员自我素质、丰富自我的资源储备，进而扩大组织的网络规模和网络资源，特别是政府组织之间的学习培训，能够为关系资本的构建创造条件。这是由于关系资本拓宽了信息的交流渠道，特别是以学习交流形式建立的关系资本更具有润滑作用，可以较好地以组织网络的形式传递潜在有用的重要信息（Gulati and Gargiulo, 2000）。基于这种强势的组织间关系资本，组织间的网络关系会不断地自我强化和发展壮大。然而，县域社会资本嵌入也面临着行动载体的困惑——交流形式匮乏成为关系网络融合的最大障碍。正如当地的一位地方政府工作人员所言：

> 现在人与人之间的交流、组织之间的交往无一例外地，几乎都是在饭桌上进行的，即使是组织学习培训，但最终还是在众多的饭局中实现组织感情升华和个人资源积累。可以说，酒桌文化无论在哪个层面都体现得淋漓尽致，特别是在民族地区的县、乡，饭局已经成为我们工作的"第二战场"，资源信息的传递、自我认识的交流、社会关系的凝固都汇集在这里。招商项目的引进、私人事情的请托、重要客户的谈判……这些集聚网络资源形式的行动载体都体现在饭局中。相比而言，正式培训、学习交流所产生的效果在县、乡组织中已经逐渐被淹没。作为基层工作者，我始终感觉资源的挖掘和维系，离不开互惠互利的交往，离不开信任关系的确立，离不开知识技术的创新，但更离不开这种经久不衰的饭桌交流平台，尤其是在我们这种县城，信息相对比较封闭，知识更新和技术创新的步伐都远远落后于发达地区，唯有通过人际交流的维系才能使得在正式工作中构建良好的正式关系。

由此可见，县域空间内关系网络成员间的交流渠道已经形成了固定的"饭局模式"，这种交流活动延续了传统单一网络的方式，只是网络结构性质发生了变化，逐渐由人际关系网络演变为组织关系网络。组织成员之间的交往实现了正式与非正式的结合,尤其是在县域空间内非正式交往更为重要,这是相对狭隘空间范围内社会资本培育的重要路径。但是,这种成长路径不是现代社会的唯一模式,更应该在扩大网络资源前提下,逐步向学习型组织、创新型组织转型,真正实现以正式社会规则引领的组织关系网络。

二 压力型政府的信用规则

现代化的社会变迁不是一个现代性因素自发性地积累和演变的历程。换言之,这种现代化建设是在经济、政治、社会、文化变迁条件并不完全具备或成熟的条件下,充分借助于各级政府的行政力量强行启动和推进的(何显明,2007)。特别是在工业化发展的中后期,资源要素短缺已经成为县域经济发展的瓶颈,内在资源约束和竞争性的制度安排促使赶超战略的形成。经济结构调整、社会管理创新和公共服务推进成为县级地方政府执政的重点方向,这既给县域经济实力的提升带来了机遇,也给县级地方政府带来不小压力。在传统的官僚体制架构中,自上而下是一种普遍模式,由此建立起一种自上而下的压力机制,由上级政府给下级政府下达经济社会发展硬性指标,并根据指标的完成情况给予不同的奖惩待遇。这也就是人们常说的压力型体制(荣敬本等,1998)。

在促进县域经济发展中,地方政府也同样实践着"赶超比拼"战略,呈现出利益博弈、资源争夺的特点。尤其是在西部地区的县级地方政府,更加注重工业园区建设,通过招商引资引进了一系列大项目、大平台。压力型体制下政府政绩考核几乎无一不满意,呈现出"芝麻开花节节高"的良好态势。然而,调查数据却显示:政府经济合同履约率较低,地方政府债务负担风险较高。31.5%的被调查者对合同资金的实际到位率和项目落地进度表示不满意;64.6%的被调查者认为地方政府债务负担风险较高。这不仅是西部地区县域发展的特例,也具有共性特征。我们不禁要问:考核指标与民意调查的结果为何存在差异性?压力型体制下的政府信用也具有"潜规则"?信用规则的不清晰、规则适用的特殊化都会阻碍信用政府的建构。下面,本

信用政府建构及治理能力现代化

研究以县级地方政府招商引资"统计造假"①为例,具体阐释信用政府的行动困境。

太行山腹地的河北省保定市阜平县是国家重点扶贫县,2007年一般预算收入不足亿元,政府运转、工资发放等2/3的资金要靠上级转移支付。2008年9月,保定市做出"工业西进"战略决策,以西部太行山区工业率先发展带动该地区农业和第三产业发展,以工业化推动城镇化,壮大县域经济实力,提升西部地区经济发展整体水平。作为传统农业县,阜平要实现跨越式发展,必须走工业强县之路。这里掀起了招商引资热潮,一个个"重点项目"蜂拥而至,一笔笔"巨额投资"纷至沓来。

值得一提的是市重点建设项目长城岭生态休闲旅游度假区。记者调查发现,原以为建设工地上一派热火朝天,没想到却冷冷清清。一条写有"热烈欢迎领导莅临检查指导"的横幅扯落在地,几间活动板房孤零零地立在山腰间,旁边堆着两垛砖头,还有一点建筑垃圾。除了天上偶尔飞过几只鸟,空旷的工地上连个人影也看不到。附近的村民告诉记者,这里已停工多日,看门人几个月拿不到工资,早气跑了。聊起这个项目,一名村民气愤地说:"去年刚开工时热闹过一阵子,后来就听不到动静了。如今这个项目老板整天开着越野车乱转,好多天也不来工地一趟。"就是这样一个连"半拉子"工程都算不上的项目,阜平县政府却上报说完成投资超过1亿元。而据知情人透露,算上景区内拆迁、蓄水池建设以及地基建设,投资不过300万元,上报的数字超过实际投入30倍!

保定市《关于进一步完善重点项目建设考核机制和考核办法的实施意见》,其中一条规定:年末,根据年度综合考核结果,每类县排位第一、二名的分别给予100万元和80万元奖励。

---

① 该案例充分说明了统计数据造假引发的政府信用危机,内容有所删减。具体详见《揭秘地方统计造假现象:数字出官,官出数字》,http://news.sohu.com/20100812/n274163428.shtml。

第五章　信用政府建构的探讨：研究结论推广

排位倒数第一的第一年给予黄牌警告，第二年调整主要领导工作岗位。正是在这种考核体制下，经济实力在保定倒数的阜平县开足马力，既"重点抓项目"，又在统计上造假，2009年居然取得了同类县（第三类）第二名的"骄人"战绩，获得80万元奖励。

那么，阜平县统计造假是如何一步步出炉的呢？知情人告诉记者，在具体操作中，县发展改革局将实际完成的投资额上报到县政府。之后，县领导开始会商。这时往上报多大数额，就决定县领导有多少"政绩"。他们会四处打听其他区县的情况，衡量自己所处的位置，最后由主要领导亲自决定所报投资数额。此时，投资额往往是实际投资额的几倍甚至几十倍。当地统计部门的干部看到数字后，也被惊得面面相觑。如此造假，难道上边就没有监督、检查吗？一名了解内情的乡干部说，现在许多监督、检查都是走过场。对于那些水分过大的项目，如果遇到上级来现场检查，就随便编造个理由说堵车过不去了，反正招待好了上边来的人，谁还会因为公家的事跟你过不去呢？因为造假比较"成功"，阜平县受到了保定市的表彰，2010年又提出争取第一名（同类县）的口号。

上述的真实案例不仅是对调查样本数据的有力回应，也是压力型政府体制内短期政绩实现的"中国特色"。近年来，在生态环境、土地红线等约束性指标的指引下，县域经济的发展趋势无疑瞄准了新型工业化，工业招商成为拉动地方财政税收增长、提升县域经济实力的"头驾马车"。可以说，这种发展思路总体上是好的，但是县域政绩考核的压力致使招商引资竞争程度几乎达到了"白热化"，在有限资源争夺的前提下，统计指标的修改成为又一简单的"数字游戏"。统计数据造假的背后隐藏着政府能力盲目提升和政府公信下降的危险。

不难发现，政府能力提升和政府公信滑坡造成了政府信用内在结构的不协调。但是，内在非一致性特征却没有阻碍政府官员的政治晋升和县域经济社会发展，逐渐呈现出一种自我维系、自我协调的特有信用规则。这种规则往往依托政绩考核指标和统计数据，而较少关注社会公众的利益诉求。特有的政治生态和整治行动路径为统计数字造假提供了生存空间。一般来说，统计数据由地方统计部门搜集和汇报上报，地方统计部门的干部任免和财政经费由地方同级政府负责，没有实现垂直化管理，这是现行体制下统计数据的来源依据。政府能力具体表现在统计数字中，这是反映一个地区经济社会发展的"风向标"，也是政府官员政绩考核关键性指标，因此，统计数据从某种程度上讲，就是反映地方政府领导干部的"政绩单"。然而，统计数据缺乏独立性和有效监督，使得统计数据逐渐成为政治角逐中的民主选票。

为了达到政府官员的政治升迁，政府能力的提升必然在数据中详尽体现，政府公信也在名义测评和公众投票的"运动式"行动中实现转型。从长远发展来看，统计数据造假与科学发展观的根本要义违背，而其内在弊病在于，政绩考核体制和行政管理体制的不合理，造成压力型政府特有的信用规则。功利主义的考核机制，事实上形成一种扭曲的激励结构，诱导地方政府和政府官员的行为偏离公共利益最大化。一边是社会公众对统计数据的真实性质疑不断，一边是一些地方造假不止，这已经严重影响了地方政府信用，对地方政府官员形成了错误的意识导向——只要场面热闹、数据漂亮，就能步步高升。按照信用政府建构的逻辑，能否有效地维护社会信用秩序，能否保障各种合约得到有效履行，特别是能否保障政府自身运作的规范性、保证公共政策的信用，已经成为考核检验政府职责是否称职，以及在多大程度上履行责任和义务的重要试金石。遗憾的是，目前在对各级政府官员所进行的考核指标中，信用问题却在很大程度上被忽视了。

第三节 信用政府建构的模式

转型时期的地方政府面临着内在体制和外在环境的双重压力，地方政府的行动困境始终成为信用政府建构的最大问题。信用政府建构的理论框架表明，信用政府的建构离不开社会资本与政府信用的互动，社会资本在信用政府建构中起到外在推力的作用，而政府信用是克服政府官僚弊病的一剂良药。目前，关于信用政府建构的模式也存在众多争议，很多学者认为应该从政府自身着手，通过提升政府能力、政府公信力达到促进信用水平提高，这是一种内生的建构动力。本研究认为，官僚体制的匡正是信用政府建构的重要模式，但也并非唯一模式，仍需通过社会资本的推动激发信用政府建构的社会力量。因此，无论是官僚体制的匡正还是社会资本的推动，二者都需要相互配合，形成二元协同发展的新模式，这也是信用政府的必然选择。

一 官僚体制匡正

马克斯·韦伯（Max Weber）于20世纪初提出了官僚制理论，后来在社会历史发展中抽象出公共行政的工具理性，并对公共行政体系进行合理性设计。正是由于这一理性工具的运用，使官僚制具有处理复杂工业社会的行政管理能力，也使其对行政组织架构和组织合法性研究具有持久的生命力，实现了人类社会由工业社会向后工业社会的迈进。由此可见，传统官僚体制在社会变革中发挥着十分重要的作用，推动着政府行政效能的提升，为公共行政的专业化奠定基础。不可否认，官僚体制也存在固有的弊病，特别是在现代社会转型过程中，行政层级和权力获取的不足尤为凸显，这是制度设计的缺陷，已经成为影响地方政府信用的内在因素，主要表现在行政官员和行政职务两个方面。

第一，行政官员的特殊性体现在形式主义与功利主义的结合。现代社会各种价值相互交互、冲突的形态，个人普遍崇尚功利、地位。为了公共职权而采取非正当手段，行政官员的个人地位历来被认为是公共权力的代表。从内在看，职务就是职业，将行政官员的个人地位与职务的高低结合起来，充分强调了对国家价值的认同感，这也是意识形态上的一种认同。然而，一味将职务高低与个人地位挂钩，可能会助长个人私欲的膨胀，导致个人价值与国家价值发生偏离，这也就是所说的内在的形式主义。从外在看，行政官员的个人地位主要体现在社会评价、货币报酬、仕途晋升等方面。实际上，基于职业的公正特性和职位的权力属性，行政官员的社会地位是比较崇高的，往往成为社会各界向往的去处，而也正是在职位基础上按照职务分工获取报酬。由于职务的权力分配不同，导致在报酬分配上由"维持生存的稳定收入"到"个人获利源泉"。仕途晋升则主要是通过形式上的选举和实质上的任命，这也从另一侧面印证了官僚制民主的弊端，晋升的考核标准和考核形式随着官僚制上级任命而存在功利主义色彩。由此可见，有形式主义就会产生"民选官员"的困境，导致现有的行政官员考核标准浮于表面，而这也正是现代官僚组织体制下的官员提拔晋升存在的主要问题。功利主义可能扭曲原来行政组织所设定的官员个人地位，使得行政官员的个人地位与职务地位相辅相成，也就可能产生狭隘的官僚意识和官僚行为。

第二，行政职务的魅力性突出了权力意识与个人价值的结合。行政职务是社会化大分工的产物，也是官僚制组织层级模式的必然选择。一定的官职必然由拥有特定任职条件的行政官员担任，而行政官员的个人地位在很大程度上取决于官职的高低。官员对于官职的眷恋由来已久，因为他们能够清楚地意识到，行政职务是个人地位和个人价值的风向标，官职越高，所拥有的权力越大，所承担的责任也就越重，更能够体现自身价值。在《官僚制政治》一书中，戈登·图洛克（Tullock，1965）分析了理性自利的个人在非常大的公共官僚制中追求最大化策略而导致的结果。图洛克的"经济人"是雄心勃勃的公共雇员，追求自己在官僚制中获得晋升的职业机会。同样，现代公务员的职务消费也尽情地展示了行政职务的魅力，因为职务消费是根据国家公职人员的行政级别高低，享受不同层次、以实物分配形式为主的物质待遇，如住房、汽车、各种通信工具、勤务人员乃至公务宴请等。职务消费过度是公共权力部门化、部门权力私人化、私人权力市场化的一种"亚腐败"现象（韦子平，2007）。

行政官员和行政职务是官僚体制的重要载体，其中，行政官员是官僚制架构的核心灵魂；行政职务是官僚制架构的外在特质。尽管公共事务的治理其内在必然存在着一套具有自身逻辑规则的制度体系，使得依托行政职务处理公共事务有了特定标准，合理规范了个人行为

第五章　信用政府建构的探讨：研究结论推广

和职务行为，但是，制度设计下的效率性和执行力不够，容易导致公共行政价值偏失，极度膨胀的权力意识与公平、正义的行政价值格格不入，往往会出现行政职权的"越位"、"缺位"，权力的失范则是官僚制受到众多批判的缘由之一。可以认为，官僚体制匡正是信用政府建构的第一类模式，它主要强调公共行政的价值回归、行政权力的监督制衡和政府职能的调整优化，这是信用政府形象重塑的关键因素，是支撑"信用大厦"的三大基石，具体表现为：价值回归是公共行政伦理的内在诉求；监督制衡是权力行使的制度要求；调整优化是职能转变的必然趋势。通常来讲，我们把官僚体制匡正模式称为信用政府建构的"发动机"。

二　社会资本推动

伟大的时代需要伟大的创造，社会资本无疑是现代社会发展中出现的特色资本，它超越了资本、人力资本的范畴，扩展为一种影响整个社会结构变革的特殊资本。正如汉斯·科曼（Hans Coleman, 1999）所言："许多集体行为的问题只通过个人行为无法解决，但是由遥远的国家调节或间接的政治民主程序也不容易解决。相反，社群的自我调节，结合民主国家及其机构的权威，倒可以使问题得到解决。"由此可见，社会资本在"政府—社会"二元结构中起着"稳压器"的作用，是密切政府关系网络、整合社会资源和提升政府公信的外生因素。

在经济分权和政治集权的治理结构下，地方政府面临执行力匮乏和权力滥用的威胁。经济分权的目的在于激发市场活力，促使社会资源要素的有序流动，从中寻求一种高效的治理模式；而政治集权则是通过政治资源的集中达到国家政治结构的平衡，这主要通过政府官员的政绩考核实现。这种治理结构打破了"政府—社会"二元结构的均衡，最终会损害信用政府的形象。掠夺式的资源积累和超前化的资源消耗都是政治晋升的资本，使得政府成为强势的主体，而对其制约的关系网络在这种治理结构下显得支离破碎，县域空间范围的社会资本显得尤为突出。实证研究也表明，县域空间范围内的社会资本存量相当有限，已有的许多关系网络仍然处于传统的人情关系圈中，还算不上真正的社会资本。社会资本的有限性阻碍了公民社会的成长。近年来，传统的社会信任、公民参与网络和共享的规范准则逐步遭受体制的内在侵蚀。传统的单位型社会体制已经不再是社会资本依托的主要方式，即使是在西部地区的县城，也出现人口的频繁流动、职业的常态更替状况。人际关系出现"情感"交换和"金钱"交换现象，组织间信任仍然停留在较低层面，利益成为信任关系维系的重要筹码。由此可见，无论是社会资本的存量还是质量，都直接或间接地影响着信用政府的建构。虽然社会资本对政府信用的作用强度不大，不足以成为信用政府建构的关键要素，但是，这种影响的实际效果和众多的社会事实也证实了社会资本的推动作用。

地方政府是县域经济发展的推动者、社会事务的管理者、公共服务的提供者、社会公平的保障者。我们更加认识到，公共服务是地方政府的主要职责，也是信用政府建构的本质要求。公共服务的提供不仅需要政府的制度供给，还需要自愿社团的支持配合，而这些都需要发挥社会资本的力量。社会资本不是公共政策的替代物，而是这种政策成功的前提，在某个方面还是它的结果；政府也可以是社会资本的来源，社会资本通过国家和市场发挥作用（Levi and Margaret, 1996）。可以认为，社会资本推动是信用政府建构的第二类模式，它主要强调组织信任的维系、关系网络的融合和社会规范的更新，这是信用政府形象重塑的外生力量，成为支撑"信用大厦"的平衡支点，具体表现为：信任维系是政府与社会的纽带；网络融合是组织扩张的必然；规范更新是社会转型的要求。通常来讲，我们把社会资本推动模式称为信用政府建构的"扬声器"。

三 二元协同发展：信用政府建构的选择

无论是官僚体制的内在匡正，还是社会资本的外在推动，都是信用政府建构的重要模式。官僚体制匡正遵循的是一条内源式的建构路径，强调体制机制创新。社会资本推动遵循的是一种外力式的建构路径，突出公民社会作用。鉴于我国特殊的政治体制和不完善的市场经济体制，外力式的建构路径不能处于主导地位，尤其是在西部地区县域城市，往往还要依靠体制机制创新来提升政府信用。因此，信用政府的建构路径应该选择一条二者相互结合、共同促进的综合路径——二元协同发展，它体现了社会资本与政府信用的相互作用。社会资本的催生，不仅来源于外在社会团体的自发性，还有赖于政府引领与培育，从而为社会资本创造良好的外部环境。政府信用的增进更需要加强政府自身的诚信建设，从而带动整个社会信用的提升。

由于中国市场制度变迁具有明显的政府主导特征，特别是在政治经济生活中，政府拥有绝对的政治力量对比优势，而且还拥有强大的资源配置权力，能够通过行政、经济和法律等手段在不同程度上约束控制其他社会主体的行为（何建华，2008），从而为社会资本的催生提供良好的制度空间。二元协同发展模式是信用政府建构的一大特色，具体表现为：一是通过政府引导市场经济持续健康发展，努力培育整个市场主体的信用意识；二是通过开展"效能革命"，着力打造开拓、务实、廉洁、高效的信用政府，以行政审批为突破口，转变地方政府职能，努力提升政府形象；三是通过组织成员的交往沟通，营造良好的信任环境，努力优化社会网络资源和规模，激发县域空间社会组织的活力；四是呼唤公民的民主法治意识，努力把人情社会变成法治社会，形成良好的市场环境和市场秩序；五是积极培育多元社会团体，充分发挥自愿性社团的协作优势，特别是在社会管理创新方面的作用，真正体现社会组织的润滑剂、协调器和保险阀功能。因此，通过多元社会主体的参与，彼此增进信任与了解，畅通政府回应渠道，提升政府的内生信用等级和外在的社会资本存量，最终实现善治的理想蓝图。

第六章 信用政府建构的实现路径

信用政府的建构存在多种发展道路，二元协同发展模式是当代中国政府特别是西部地区县级政府亟须的。社会资本与政府信用关系的实证结果表明了内在的相互关系，政府信用影响社会资本的作用更为显著，这是转型时期政府主导特征的突出表现。对于二元协同发展模式而言，信用政府的实现路径应当遵循一定的原则，从而形成相互关联的脉络体系。因此，必须以信用政府的发展愿景为指导，进一步勾勒现实行动的路径图谱。具体实现路径包括：政治信任凝聚、多元网络融合和制度规范约束。

第一节 信用政府实现的路径图谱

二元协同发展模式强调社会资本与政府信用的相互促进，通过政府信用的提升和社会资本的培育，奠定信用政府的稳固基石。在信用政府的建构过程中，社会信用制度的建立就是要从根本上破除制约信用发展的制度性障碍，进一步扭转政府的失信行为，逐步消除社会组织的异质性，最终实现社会的总体性目标——信用社会。人类社会的发展是从强制走向自为的进程，所有与这一进程的总体趋势一致的人类行为都是进步的（张康之，2003）。信用是政府自诞生之初就形成的一种价值，政府未来发展走向和治理模式创新离不开信用的指引。因此，信用政府是现代社会发展特定阶段的产物，是一种信任的制度安排。从社会资本与政府信用的关系看，提升政府信用是占据主导位置的，但不可忽视社会资本的创造，它是信用政府建构的充分非必要条件。因此，信用政府实现的路径图谱必须体现政府的主导力量，不仅在于政府权力的配置与运作，还要营造社会资本的良好空间，从全能主导向重点主导、多方参与转变，逐步走出一条"宽口径、广网络、优资源"的协同发展之路。

一 路径图谱的基本原则

信用政府的建构是一个系统性工程，虽然遵循二元协同发展的建构模式，但就其具体实现路径而言，也应该是全方位、多元化的，必然存在相互交叉。因此，信用政府实现的路径图谱具有同步性与阶段性、内部性与外部性相统一的特点。在具体的实现过程中，必须遵循以下四个基本原则。

（1）系统性原则。信用政府实现的路径图谱体现了社会资本推动和官僚体制匡正的共同作用，是一种由里到外发展的建构过程。政治信任是内核，是基于信任关系发展而来的，突出了任何实现路径都必须以政治信任为基础；多元网络是关键，它是建立在政治信任基础上的各种社会资源的整合与创造；制度规范体现了对信用政府的监督，即最外层面的环境保障。由此可见，这样的路径图谱首先突出了系统性、宏观性的特点，这些路径要素并不是零散的组合和堆砌，而是一种以信任为核心的多元路径，分别明确了政府、社会组织、社会公众的角色。

（2）有序性原则。信用政府实现的路径图谱中，多元网络的融合是渐进发展、逐步推进的过程，政府职能转变、社会组织培育和社会资源配置是多元网络融合的三个阶段，体现了系统内在的逻辑层次。要实现多元网络的融合，作为网络中处于重要网络节点的政府必须要强化组织自身的良性发展，在此基础上，通过政府组织的引领和社会网络的传递影响其他社会组织，突出各类社会组织的服务作用，最终达到整个社会资源的合理配置。因此，有序性原则具有针对性，是一种路径发展的过程体现。它是在系统性原则基础上对内在结构组合的判定。

(3) 回应性原则。信任的维系是建立在相互对话、合作基础上的，信用政府的实现依赖于信用的积累和信任的维持，而维持信任的最有效方式就是开启公民参与的窗口，这也是实现路径的第一项重要举措。窗口平台是社会公众、社会组织了解政府行为、表达利益的重要渠道，是一种双向互通的空间，因此，它不仅要求外界诉求不断输入，更为重要的是体现政府的积极回应，这是创造信任和扩大合作的重要因素，也是必须遵循的又一条基本原则。它要求政府增强与公民的互动，对公众的正当利益诉求要有及时回应。

(4) 服务性原则。地方政府是地方经济发展的推动者、社会事务的管理者、公共服务的提供者、社会公平的保障者，而公共服务是政府的主要职能，也是政府治理的核心所在。伴随政府改革理念不断深化，政府更应该承担公共服务职能，信用政府建构能否真正实现，不仅在于经济发展水平，还在于公共服务和社会管理水平。人民是政府执政的基石，政府的信用更多的是基于人民的一种评判。因此，服务性是信用政府实现的重要内涵，在公共服务中更加强化责任和服务意识。

二 路径图谱的脉络体系

信用政府的建构不仅是政府自身的行动，还需要营造一个良好的社会氛围，依靠社会自组织和社团的力量，通过社会网络的资源整合和规模扩充影响政府信用。二元协同发展模式正是在传统构建路径基础上的突破与延伸，充分体现了社会资本的作用机制，这也是解决"压力型政府信用困境"的创新之举。以政治信任为核心、以制度规范为保障的多元互动网络由此构建，成为转型时期信用政府建构的行动图谱（见图6.1）。

从图6.1中可以看出，信用政府的实现图谱是一个多维的行动路径，体现了社会资本与政府信用二者关系的融合，彰显了"以政府治理为主、社会资本为辅"的发展特色。信用政府的实现离不开内在的信任支撑，也离不开外部的社会规范，更多地偏重于正式制度的约束。因此，实现路径图谱体现了一种由内向外的过程，是信任关系

第六章　信用政府建构的实现路径

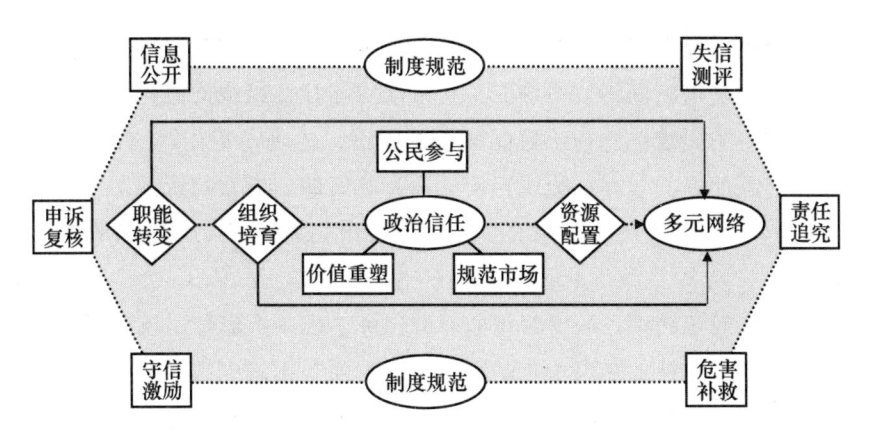

图6.1　信用政府实现的路径图谱

维持与延续的过程。

政治信任凝聚是政府形象提升的前提，也是实现信用政府建构的价值基础，主要包括价值重塑、公民参与和规范市场三个方面。价值重塑是建立社会公众与政府之间相互信任的理念路径，其实质是社会公众对政府合法性的认可和对行政伦理的支持。公民参与突出了政府的回应性特征，是政府行政价值的具体实践，也是加强社会公众与政府沟通交流的平台。规范市场体现了凝聚政治信任的主要职责，更重要的是政府自身的信用示范作用，这里重点强调以自我行为规范为基础，引领企业等市场主体遵守社会信用，从而建立一个平等、开放、正式的信用关系。由此可见，政治信任虽然是一种内在的价值基础，但它是政府形象提升的关键，是内在价值外显最值得关注的。评价一个政府是否诚信，首要的就是衡量政治信任基础是否牢固，这是信用政府建构的根本。

多元网络融合是政府活力创造的关键，也是实现信用政府建构的载体，主要包括职能转变、组织培育、资源配置三个方面，从转变政府职能到社会资源配置，是一个有序的网络过程。政府职能转变是激发政府活力的内在要求，也是优化组织结构、扩大网络规模和汲取网络资源的前提。特别是在转型时期，政府信用缺失往往与行政行为不规范有关，通常是由于职能转变不到位造成的，进而导致社会网络结构的凝固。社会组织培育是借助社会资本的力量,实现网络节点资源配置与复杂组织网络规模形成,它是政府与社会组织沟通合作的组织基础,是实现规范管理、效能提升的关键,体现了信用政府的活力。社会资源配置的效率往往成为衡量地方政府调控成效的依据,不仅是社会资本在经济社会领域的具体运用,也是政府信用获取的重要抓手。

制度规范约束是政府信用监督的保障,也是实现信用政府建构的行动准则,它更加强调正式制度的作用,而非正式规则仅是在制度变迁中扮演引导与转换的角色,是由人格角色向非人格角色模式转变的核心要素。制度规范主要包括信息公开机制、失信测评机制、责任追究机制、危害补救机制、守信激励机制和申诉复核机制六个方面,从而形成一个有序循环、相互依存的制度链条,消除了多元网络融合中存在的权力寻租、官员腐败及资源滥用等现象,从制度层面增进了行为组织之间的相互信任,尤其是对政府组织的政治信任。

第二节 政治信任凝聚:政府形象提升的前提

信任的生成并不是一朝一夕的,而是在长期交往过程中逐渐内化形成的,是在情感投入和制度支撑条件下完成的。信任关系是社会资本的重要结构要素,而政治信任则是整个信任关系的重要内容,它主要指的是民众对于政治组织(如政党)、政府机构(政府、国会)的信任,这里仅指社会公众与地方政府之间的信任关系。因此,政治信任的凝聚不仅是政府信用重塑的关键,也是社会资本培育的前提。对于政府信用重塑而言,政治信任有赖于自我行政能力的提升,是一种以提高政府行政效能为前提的信用资源储备,可以说是一种更深层次的信任;对于社会资本的培育而言,政治信任有赖于公民社会的兴起,即是一种"自下而上"的、"使民主运转起来"的"公民社群主义"解决办法。

一　开启公民参与窗口

政治信任的凝聚首先在于公民参与融入，扩大参与范围是加强交往合作的重要基础。开启公民参与窗口有利于增进政治信任，其关键在于公民意识的培育。公民意识是在社会发展过程中逐渐形成并深化的，是公民积极参与社会事务的先导，公民参与窗口的开启也包含了对公民意识觉醒的阐述。朱学勤在《书斋里的革命》一书中是这样解释的："公民意识是近代宪政的产物，它有两层含义：当民众直接面对政府权力运作时，它是民众对于这一权力公共性质的认可及监督；当民众侧身面对公共领域时，它是对公共利益的自身维护和积极参与。"由于受传统保守思想的束缚，大多数公民的责任意识淡薄，对公共事务漠不关心，成为"搭便车者"或是"看门人"，而不是"积极的参与者"。他们几乎习惯了毫无条件地接受政府的一切决策，尽管有所不满，但只要不触及他们的生活底线，他们就会接受政府的行为，这也就为政府失信创造了客观条件；而有些公民虽然关心公共事务，可是仅仅关注与自己利益相关的公共服务，这些狭隘思想也严重阻碍了公民意识的形成与发展。公民意识的觉醒为公民参与社会管理事务、监督政府权力发挥了很好的作用，需要从维护自身合法权益和加强信任关系纽带的视角审视公民参与的重要性。作为外部监督和公共参与的主体，必须要强化公民主体意识、权利意识和责任意识，重新培育新时期的公民意识。

在公民意识逐渐兴起的基础上，更应该关注参与窗口的针对性和层次性。由于公民意识塑造是一个逐步深化的过程，这也体现了社会公众的差异性，民主价值、教育程度及个人成长环境都或多或少地影响着公民意识，制约着公民参与的渠道与方式。公民参与窗口要充分反映社会公众的利益表达诉求，特别是对于不信任的公共政策要进行综合评价，充分把握利益诉求的特点，确保政策实施的针对性与时效性，真正体现政府行为的落脚点始终以公共利益为主。对于公民参与窗口的层次性而言，主要包括不同层面、不同领域的政治参与，诸如民主投票、公共政策协商、专家咨询、提案建议等方式，将区域范围内的公共利益作为政府公共政策的出发点，将民主投票作为衡量政治信任和官员政绩的重要标尺。可以说，开启公民参与窗口，进一步延长了政府信任链，使得社会资本中的信任关系逐渐由人际信任向组织信任过渡，促使县域空间内的社会信用稳步提升，成为提升政府形象的重要方式。

二 重视行政价值重塑

我国正处于社会结构加速转型的关键时期，这一时期的显著特征就是社会矛盾的凸显和利益诉求的多元化，如果不能恰当解决社会矛盾，特别是在土地拆迁、合约履行等经济方面引发的社会问题，势必会影响政治信任的基础，因此，必须弄清特定时期内问题产生的根源及价值支点，从行政价值选择中寻求官僚意识的突破。20 世纪以来，中国的行政发展具有目标多样性、多层次性和多阶段性的特点，特别是复杂与有效的价值选择、交叉重复与准确判断构成了中国公共行政价值多重跨越、共生的特性（申振东，2007）。因此，信用政府的建构必须明确信用政府的行政价值。显而易见，信用是行政价值的基础，而其他行政价值则是支撑公民参与和规范行政行为的保障。

伴随着西方国家政府重塑运动的兴起，新公共管理在当代公共行政理论与实践中逐渐凸显其主导范式地位，这一时期公共行政的基本价值可以概括为市场化、私有化和企业化。从本质上看，仍然是民主、公平价值的深化。因此，唯有重视行政价值重塑，才能增进政治认同和合作互信，从而实现政府能力与政府公信的同步提升。

三 规范市场主体行为

市场经济发育，以及市场秩序的扩展过程较为全面地体现了市场主体信用的塑造过程，这也是我国社会主义市场经济体制逐步形成的过程。这其中，社会信用体系的完善与否已成为市场经济是否成熟的显著标志，深深地根植于市场行为主体。随着我国经济的快速发展和市场化程度的不断提高，客观上对社会信用体系的建立提出了紧迫要求。在宏观制度环境中，存不存在一个有效的政府至关重要。没有公共权威的社会必定是一个尔虞我诈的社会,在这种情况下,人们无法维持信用(何建华,2008);相反,缺乏监督制约的公共权威也必定引发权力膨胀,这种以强制权力维系的政治信任并非现代社会所推崇。因此,必须建立健全包括政府信用、企业信用和个人信用在内的社会信用体系,其核心要义就在于规范市场主体行为,充分凸显地方政府在提高政府公信和规范市场行为方面的示范引领作用,这就要求强化政府自身信用,在此基础上引领其他市场主体遵守市场信用,进而提升政府形象。

规范市场主体行为首先在于规范政府的行政行为和经济行为,严格实施行政事项办结承诺制和行政责任问责制,特别是在行政审批环节要进一步规范权力运作,切实做到依法行政,避免地方政府出台的公共政策朝令夕改。正确处理地方政府与银行之间的债务关系,严格按照市场原则建立契约关系,避免债务风险的屡屡发生,最大限度降低地方政府债务,将地方政府债务作为考核信用政府的重要指标。强化政府招商引资中的合同履约率,真正做到在项目引进、落地、竣工全过程中将权力置于透明、公开的市场中。通过政府自身行政行为和经济行为的规范,增进其他市场行为主体与政府之间的组织信任,进而提高政府的公信力。

企业信用是社会信用体系的主体,确保企业在市场交易中遵守市场契约,提升企业信用指数是完善企业信用的重要内容。通过加强企业信用档案的监管,强化工商行政管理部门在诚信品牌建设、企业社会责任建设中的作用,使企业逐渐树立"信用立本"的生存意识,特别是在完善银、政、企合作中注重对信用风险的评级与考察。这既是对企业信用价值的考量,更是规范企业行为的一种手段,通过政府宏观政策调控进一步约束企业的失信行为,倡导企业公平竞争与交易;与此同时,还要促使企业在市场招投标过程中遵循市场游戏规则,以制度规范避免政府与企业"共谋"。

个人信用是社会信用体系的基础,它为授信者的个人授信提供信用信息,弥补政府信用和企业信用的疏漏。对于信用政府建构而言,政府官员的个人信用直接关系到社会公众对政府的信任,从某种程度上说，政府官员的个人信用也是政府信用的重要组成部分，因此，必须对政府官员的失信行为进行约束，通过廉政教育、自我提升及外在的制度力量提升政府官员的个人信用。

第三节　多元网络融合：政府活力创造的关键

网络是连接个人、组织的基本单位，也是积累社会资源的重要平台。网络的形成是一种人际信任与组织信任逐渐积累的过程，也是资源不断交换与传递的过程。一般来说，网络资源与网络规模是社会资本中衡量社会网络的两个重要因素。对于转型时期的中国而言，社会网络中的资源来自不同社会个体与单一组织，这是社会分工的结果，而资源的整合与扩大则是通过政府的公共权威推进的。多元网络是不同组织网络交织的结果，指的是一种组织之间资源扩散与集聚的自然分布，也是集群组织汲取社会资源的基础。因此，多元网络融合是政府能力提高的基础，也是社会资本扩大的前提。它是一个由内向外逐渐扩散的过程，从政府职能转变到社会组织的培育，这是网络规模扩大的过程，也是多元网络融合的结构支点。转变政府职能彰显了公共服务性，是信用政府建构的内在要求。培育社会组织扩展了合作的新空间，是信用政府建构的重要内容。完善社会资源配置是网络资源集聚与优化的过程，也是多元网络融合的交换载体。社会资源配置激发了社会资本的生命力，更是信用政府活力的创造。可以说，社会资源的配置离不开政府职能的转变，也离不开社会组织的培育。政府活力创造的关键在于多元网络的融合，这是县域空间内经济社会发展水平的客观体现，也是信用政府实现的网络基础。

一　切实转变政府职能

从行政与社会的互动关系角度看，政府职能反映了国家行政管理活动的实质与方向，是政府活动的全面概括，可以说，政府职能是政府的核心要素，是政府角色定位的集中体现（吴爱明、沈荣华、王立平等，2009）。政府职能转变的滞后性及行政干预的放纵性，已经导致政府权力在具体运作过程中出现扭曲与变异，政府逐渐臃肿，权力逐渐扩散，已经失去政府活力。随着权力行政走向服务行政，政府的权力中有很大一部分将逐渐归还于社会，政府权力的有限性将更加明显，政府的随意性也会大大降低，这都有利于增强社会公众对政府的信赖。要充分激发政府活力，就必须从切实转变政府职能入手。

转变政府职能是行政权力再配置的过程。通过对政府权力的再分配，在政府官员自我利益和公共利益之间建立一道屏障，有效切断对自我利益的选择通道，进一步强化政府官员为公众利益服务的职责，增进社会公众对政府官员及政府的政治信任。通过对政府权力的再分配，进一步明确职能部门的基本职责与权限范围，完善行政审批的流程，在政府职责界定与功能定位方面更加透明，使得社会公众能够依法申请政府信息公开，真正做到依法行政、有所作为、服务公民。

转变政府职能是责任重心偏移的过程。转型时期也是社会矛盾的凸显期，协调利益格局、妥善解决社会矛盾，是特定时期信用政府关注的重点领域，社会问题积累引发的社会群体性事件是对信用政府的直面考验，其实质是对政府执政能力和公共权力合法性的质疑。加强社会管理创新，最大限度地减少权力的滥用。积极探索网格化治理，实现权力主体和权力重心逐渐下移。更加注重公共服务职能，把解决城市贫困、维护公平正义作为地方政府义不容辞的责任。在有限的政府网络空间中释放权力的"善意"，寻求外部网络的支持与合作，真正实现责任重心的偏移符合社会公众的利益诉求、政府官员的价值选择和公共行政的伦理要求。

二 积极培育社会组织

市场经济的发展催生了许多新的社会事务、自治组织和社会现象，而行业协会就是其中新兴的民间组织，也称为除政府、企业之外的"第三部门"，是公民社会自我满足、自我管理、自我发展的自治组织，也是伴随着公民社会的不断成长而逐渐壮大的。可以说，社会组织是处于公民社会与政治国家之间起中介作用的自组织力量（马长山，2006）。因此，社会组织的兴起有利于打破政府与社会二元结构对立的状态，也将对公共权力制约和政治信任凝聚起到积极作用，是政府信用重塑的外部力量。一方面，通过制定成员共同遵循的经营标准和行业规则，引导同行业企业的行为；另一方面，通过仲裁和调解成员之间、成员与外部市场主体的关系，形成自身的行业自律。社会组织不仅是市场的润滑剂、协调器和保险阀，在制定行业规范、保护市场主体的合法权益、降低市场交易成本、维护公平竞争的市场秩序等方面还可以发挥积极的作用。培育社会组织，不仅是政府公信力提升的重要内涵，也是政府活力创造的关键所在。

社会组织的培育既是一种自发的形成过程，是公民社会自主意识进步的结果，也是市场经济条件下实体经济催生的结果。公民社会的成长壮大更加有利于公民参与，促进了决策民主化，提高了政治透明度，是一种由外而内影响信用政府建构的重要力量。与此同时，政府要为社会组织的成长提供制度支持。比如，进一步放开民间社团组织的登记权限，特别是对一些企业联合会、商会组织、维权组织及绿色环保公益组织，要给予更多的参与机会，使之能够有序参与公共政策的制定和实施，实现非正式网络向正式网络融合。此外，还要促进社会组织与政府发展相统一，为社会资源的整合奠定基础。尤其是随着许多社会管理事务和社会需求的不断增加，社会组织也逐渐承担着协调社会矛盾、化解社会危机、提供公共服务的职能。随着社会组织参与社会管理能力和范围的逐步提高和扩大，必将对整个社会网络资源获取和规模扩大起到积极的推进作用。基于政治信任基础的合作，必然促使双方关系的巩固与能力拓展，体现了社会网络结构由单一向复杂演进，同时也在网络规模上实现了合作空间的新突破。

三　完善社会资源配置

社会分化使得社会结构的各个组成部分能够达到专业分工的水平，从而有效地承担特定的社会功能，这是社会资源分散布局的前提；与此同时，社会组织在协作、互补基础上进行更高水平的整合以发挥社会系统的整体功能，这是社会资源整合配置的基础。由此可见，社会系统的复杂性决定了社会资源配置的必要性，这也是社会网络融合中资源优化调整的关键。社会资源配置，实际上是一个公共选择问题。社会资源的配置主体及配置方式，对于配置效果有着直接影响。多元网络的融合过程中，也蕴含着资源配置主体的选择问题，它与社会资源配置是否有效紧密相关，决定着社会网络中资源的丰裕程度。一般来说，社会资源配置是否有效，能否起到扩充网络资源的效果，主要取决于以下几个方面：一是社会资源是否进行了充分发掘，消除了资源闲置现象；二是社会资源是否流向最有利于发挥作用的领域空间，实现了效率的帕累托最优；三是社会资源开发利用的成本效益比是否实现了最大化。因此，要完善社会资源配置，就必须以政府为主导，以企业、社会组织为依托，以"结构洞"为资源集聚，从而促使公共管理领域新型分工、互补、整合结构的形成。

在政府进行公共产品有效配置前提下，应当逐步将公共管理领域面向市场主体和民间主体开放，在依法确定主体资格条件的基础上，鼓励市场主体和民间主体进入，发挥它们在公益事业、社会救助、项目融资等方面的优势。市场主体和民间主体的进入带来了更多的社会资源，使得社会网络资源的存量不断增加，并通过公平竞争手段保障公共产品的供给，在一定程度上解决了公共产品投入不足、效益不高等问题。总体而言，社会资源的配置既是社会网络结构扩散与资源分布的必然选择，也是对信用政府处理经济问题和社会事务能力的考验。因此，市场主体和民间主体的"加盟"仍然凸显地方政府在公共管理领域中的核心地位，这也就决定了信用政府建构必须关注政府活力的触发性与创新性。最直接的表现是，如何获取企业和社会组织的信任，以此进行网络资源的交换，发挥网络资源在特定网络节点中的引领作用。

第四节 制度规范约束：政府信用监督的保障

建立一套适合我国国情的地方政府失信惩罚机制，已经成为历史的必然选择。它触及到信用关系的本质，是治理地方政府失信的核心。失信惩罚机制以权力边界的信息链路畅通为出发点，充分考虑各子系统要素之间非线性关系的创造与选择，特别是在失信测评、责任追究、守信激励、危害补救等方面进行关键设计，是对"信用资本"的深层次诠释，是信用政府建设的制度保障。它是一个涉及多个层面的综合系统，具体包括信息公开机制、失信测评机制、责任追究机制、危害补救机制、守信激励机制及申诉复核机制。其中，信息公开是惩戒的前提，失信测评是惩戒的依据，责任追究和危害补救是失信惩罚的核心，守信激励是失信惩罚的辅助，申诉复核是惩戒的有效反馈。

一　信息公开机制

建立信息公开机制，确保有效信用监督。信息公开是现代文明社会的重要标志之一。从政府信用方面看，随着法律、规章、政策、政府职能、办事流程和程序、重大事件的公开，使政府行为置于阳光之下，这促使政府办事人员采取积极措施开展行政活动，社会公众能有效监督政府行为，保证了政府信用执政。倘若政府行为始终处于隐蔽状态，或者说是为了自身利益的考虑隐瞒了部分信息，社会公众就无法察觉，那也就更谈不上政府失信了。公共信息公开化，有效地保证了社会公众与政府之间的信息对称，也为对政府失信行为的监督拓展了信息空间。因此，必须建立政务信息公开平台，防止行政机关垄断公共信息，将政府责任追究后果及处置结果进行信息公开；实施公共信息的资源共享，合理高效地利用公共信息资源；加快电子政务建设，建立高质量的公共服务窗口，为构建地方政府失信惩罚机制提供技术支撑；建立地方法规和部门规章，为惩戒地方政府的失信行为提供信息依据。

二　失信测评机制

建立失信测评机制，合理衡量失信危害。政府信用是政府的生命线，也是政府构筑善政的资本，就当前影响经济发展、社会进步、人民生活等焦点问题而言，政府失信主要表现在政治、经济、文化教育、公共事业等方面，而政治上的失信已经撼动了政府的合法性地位。背离"全心全意为人民服务"的宗旨，就是政府最大的失信，其他的信用更是无从谈起。具体来说，地方政府失信的通常表现形式为公共政策的朝令夕改、行政人员的狭隘政绩意识、行政行为的不作为、政府采购合同履行不到位、拖欠企业和个人的政府债务、政府担保的不履约、政府合同的不合规、随意调整财政预算、公共资源配置的不合理等。通过对地方政府的职能部门分别进行信用评分，低于某个分数就意味着政府信用的缺失。然后，对这些失信的危害后果分类评定，并设置相应的失信危害级别，由包括社会公众、专家学者在内的不同层次人员进行评定，以确保科学性、公开性、公正性，使追究政府及个人的失信责任有合理的依据。

三 责任追究机制

建立责任追究机制，有效惩戒失信行为。明确惩戒对象是建立责任追究机制的前提，明确惩戒程度是有力保障政府信用的尺度，建立有效的责任追究机制是失信惩罚机制中最为关键的一个环节。责任追究行为的制度设计，对失信一方来说是达到失信成本与收益的均衡，对于失信造成危害的一方来说是维护自身利益的平衡性。当失信的成本高于失信所获得的收益时，合乎自身利益的理性选择是守信，这是对政府失信制定惩罚程度和方式的参考标准，因此，责任追究制度要体现合理性。对于由民主决策造成公共政策朝令夕改引发的失信，要求决策主体对公共政策的频繁更改作出必要的解释，根据具体情况追究政策制定者的责任；对于由追求领导个人政绩利益造成的失信，要追究其行政责任，情节严重者还要追究其法律责任；对于造成经济损失的要予以依法追缴和赔偿；对于拖欠企业和个人资金造成的失信，必须厘清双方债务关系；对于由政府原因造成的拖欠，必须及时偿还债务，通过社会媒体公开道歉并追究部门领导责任；对于由政府担保不履约造成的失信，不仅要承担一种缔约过错责任，还要承担连带责任，并追究担保当事人的领导责任。

四 危害补救机制

建立危害补救机制，着力挽回政府声誉。地方政府的失信惩罚不仅仅停留在对责任部门及行政人员的责任追究上，还要对失信造成的危害进行必要的补救与防范，要将政府行政执行力度与政府失信危害补救效度放在同等的地位，并建立与之相适应的政府绩效考核标准，使之从根本上认识到对失信危害进行补救的重要性。通过废除不适应市场经济发展的政策法规和终止错误的政府行政行为，弥补由于政出多门、朝令夕改导致的政策缺乏公信力。通过限制政府权力和控制公共资源的随意流动，弥补由于滥用权力、狭隘政绩导致的权力缺乏权威性。通过政府经济补偿、资产置换等方式，弥补由于政府合同的不履行和长期政府债务导致的政府缺乏声誉。通过公共媒介和社会舆论，对各种形式的政府失信进行公开批评，并进行责任承诺。

五 守信激励机制

建立守信激励机制，强化信用维护意识。对履行自身承诺的守信主体进行必要的激励，从某种程度上说，也是对失信主体的变相惩罚。建立与地方政府失信惩罚机制相配套的守信激励机制，有利于增加守信收益，使得政府守信成为一种内在的伦理要求，从而有力地惩罚失信行为，塑造政府形象。守信激励主要通过政治激励、经济激励、精神激励等方式实现。政治激励是指通过提供政治晋升、职位升迁及授予政治荣誉等形式给予守信主体的奖励，这对于政府行政人员来说是最为重要的激励方式之一。经济激励是指通过财政专项经费和奖励基金等物质方式给予守信主体的奖励，物质奖励经费通常由财政补贴和市场筹集方式提供。精神激励是指通过广播、电视、报纸、网络等公众媒体予以宣扬，给守信主体以精神奖励，这对于提高政府执政合法性和政府形象具有重要作用。

六 申诉复核机制

建立申诉复核机制，确保惩戒公正性。构建失信惩罚机制，必须

第六章　信用政府建构的实现路径

要建立健全申诉复核机制，适当的信用申诉是一个征信系统不断发展和逐步成熟的标志，这种申诉本身也表明了政府及其行政人员自身法律意识的增强，体现了失信惩罚机制的功效。它保证了整个失信申诉渠道的畅通，也对政府失信危害指数的合理设置、政务公开信息的有效披露起到了良性约束和规范作用。当政府及其行政人员对失信评判标准不统一、失信危害级别划分不一致、失信惩罚力度不适当，以及其他一些对政府及行政人员声誉信用产生严重影响等情形发生时，被惩罚主体可以申请启动失信申诉复核机制。被惩罚主体（申诉方）必须在申诉的有效期限内向上级政府、同级地方人大提起申诉，上级政府、地方人大在充分听取被惩罚主体申诉意见及包括社会公众、专家学者在内的不同层次人员组成的失信测评小组意见基础上，对政府是否失信以及失信责任衡量进行复核并作出最终裁定，必要时，允许被惩罚主体（申诉方）与惩戒主体、失信测评小组进行直接申辩。当复核结果与原先责任追究结果不一致时，应当予以更正并通过政务公共信息平台进行发布，由此对政府及其行政人员造成的不良影响进行补偿；当复核结果维持原先责任追究结果时，应当强制追究责任并进行惩罚。对于申诉复核结果，受理申诉方必须在规定期限内反馈给被惩罚主体（申诉方）。

第七章 信用政府——迈向治理能力现代化的基石

信用政府建构是历史性的恒久命题，也是政治文明发展史上的重要阶段。由于受到传统官僚体制影响，社会公众与政府之间似乎是一种不默契、不信任的状态。转型时期，各种矛盾相互交织、层出不穷：债务纠纷、政策多变、官员腐败等引发的社会问题已经成为影响政府信用的直接因素。与此同时，市场经济的活跃细胞触发了不同社会组织的兴起。以相互信任为基础、以合作交往为载体、以社会规范为支撑的外部力量也进一步影响着信用政府的构建，这也就是通常所讲的"社会资本"。它不仅对现代经济的有效运行具有重要的推动作用，也对我国行政体制改革产生较大影响。构建一个充满民主、活力、信任的信用政府，不仅是凝聚政治信任、扩大社会交往、强化制度规约的现实需要，也是完善社会信用体系的关键举措，更是推进国家治理体系和治理能力现代化的重要内容。信用政府的建构，既要关注内生因素——政府信用的提升，同时也要考虑外生因素——社会资本的培育。可以说，社会资本是实现政府信用及治理能力现代化的一个重要因素，这也是本研究引入社会资本理论的关键所在。

第一节 已有研究观点及主要结论

本研究从社会资本的嬗变和政府信用的效应两个维度考察了转型时期县域社会资本的变迁过程、地方政府信用的形成机理与缺失内

第七章　信用政府——迈向治理能力现代化的基石

源，并以社会资本与政府信用的关系为切入点构建了一个新的分析框架；在此基础上通过实地访谈和问卷调查采集了云南省 129 个县级区域的样本数据进行实证分析，综合运用描述性统计分析、单因素方差分析、验证性因子分析和结构方程模型等方法，探寻了社会资本与政府信用之间的影响方式和作用机理；通过分析比较信用政府建构的三种模式，提出了二元协同发展的信用政府建构模式，主要包括以政治信任凝聚提升政府形象、多元网络融合创造政府活力和制度规范约束保障政府信用监督。这对于西部地区信用政府的建构，尤其是对于县级地方政府而言具有一定的指导和借鉴作用。总体而言，本研究始终围绕"社会资本与政府信用的关系及内在机制"和"信用政府的建构路径如何依托二者良性互动"两大核心议题进行阐述，形成以下研究结论。

一　两个维度的考察：社会资本与政府信用

（一）社会资本的嬗变形态

社会资本伴随着改革开放 30 多年的探索与发展实现了内在结构性变迁和总体存量变化，呈现出特殊主义信任与普适主义信任结合、单一网络与复杂网络结合、隐性规约与显性制度结合的三大特点。第一，中国社会流动性与异质性的增强，为普适主义的组织信任创造了制度环境，逐渐成为一种非人格化、正式的信任关系，然而，传统多元价值的冲击和特定土壤的孕育，也使得现代社会组织信任仍然残留着以"关系本位"为特征的人际信任痕迹。第二，随着社会个体对资源汲取的不断扩大，信任关系结构也逐渐趋于稳固，社会分工交换日益频繁。社会网络开始进入社会公众视角，实现从单一网络到复杂网络的历史性跨越。单一网络在网络节点上凸显分散性和单维性，在网络结构上凸显有序性和规则性，"偶发性"的投资与交换间接地开启了社会网络的"触发器"。复杂网络在网络节点上凸显密集性和双向性，在网络结构上凸显混沌状态，复杂网络中的关键性节点更多地获取了非重复性资源的机会，自身也相应地具备适应组织发展与扩张的规模。第三，随着民主法治进程的不断推进，实现从隐性规约向显性制度的转变。现代社会显性制度的构建更是一种公共精神的培育。在公民社会中，个体与个体、个体与组织之间的交往更加注重公共利益的攫取，强调开放对话、思想互换、彼此理解和平等协商。然而，自给自足的小农意识（"草民观念"）和对权力无限追求的"官本位"意识也影响了信任关系的维系和社会网络的重构，使得社会资本在中国尤其是西部地区发育不成熟，"关系人情"的狭隘理解阻碍了社会资本在西部土壤的生根。

（二）政府信用的效应解读

政府信用的特殊性使其受到广泛关注，地方政府信用的存量状况、变化趋势与社会发展成为信用政府建构的又一焦点，进而引出了政府信用的效应问题——示范效应与"蝴蝶效应"，本研究分别从政府信用生成与缺失两个方面进行了考量。政府组织的特殊性、官僚体制的复杂性、信用价值的基础性，决定了由特殊组织与普适价值结合形成的政府信用具有强烈的示范效应。政府信用的生成源自内生的制度供给和"合法性"获取，具体表现为：社会公众以社会契约的形式将行政权力让渡给政府行使，期望获得能够维持其利益的公共产品；政府按照公平正义的行政价值理念履行职责，进行社会管理和社会利益的整合；同时，为了防范权力失衡和滥用，其行为还受到监督机构和社会媒介监督，使其行政行为受到合理的规约，从而形成了一个稳定、有序的政府行动过程框架。政府信用的缺失是一个极其复杂的过程，并不是由以上任何一个单一因素造成的，而是复杂组织环境下各种因素相互交织、相互渗透的结果。从权力边界的内部看，市场经济人的自利性决定地方政府也是一个特殊的利益主体，是政府失信形成的意识诱因；行为主体的强势直接推动政府失信行为的形成；公共信息的不对称导致委托代理双方之间的信息失真，是政府失信形成的信息鸿沟。从权力边界的外部看，信用文化的缺失使得行政价值发生偏离，监督力度的弱势造成行政权力泛滥。

二 实证分析的样本特征及结构探讨

(一) 样本区域的基本特征

县级地方政府处于整个官僚体系的核心,它是中央政策具体落实的关键环节,也是最容易导致"信息鸿沟"的重要部位。特别是随着县域经济实力的不断增强,区(县)公共权力的传递影响不断扩大,县域空间不仅成为地方政府经济协作和政府官员政治晋升的重要平台,也将是培育社会资本和政府信用的资本高地。因此,县域空间也引起社会各界的广泛关注,本研究以云南省县级区域为样本对象,对社会资本与政府信用关系进行实证研究。

第一,社会资本的变迁受到经济发展与转型的影响,处在西部地区的县域经济在市场经济体制下凸显不同的经济格局,它是县域资本要素流动、区域开放程度和政府治理能力综合作用的结果,云南的县域除毗邻省会昆明之外,大都分布比较分散,且处于民族自治区域,传统的民间习俗和民族文化使得不同地区的信任关系纽带仍处在社会资本变迁的中间地带,呈现出多种维系信任关系的方式和手段。处于偏远山区的县域大都实行政府主导的发展模式,民间团体和社会组织的发育相对滞后,整个社会网络的链条很少触及社会组织领域,容易造成网络节点的封闭,形成一种非均衡的社会网络结构。此外,非正式规则在民族自治区域的作用更为凸显,而正式制度却没有相应地建立,社会潜规则现象逐渐滋生,破坏了新制度创新的环境。

第二,同一层级的地方政府信用也存在着显著性差异,主要体现在社会贫富差距和财政支出绩效两个方面。社会贫富差距和财政支出绩效是相互关联的,对于一些县域经济实力较强的地区,城镇化、工业化产生的资本效应为公共财政的"蓄水池"积累了雄厚的资金,使得地方政府能够将公共财政更多地投入到民生领域,最大限度地缩小地区贫富差距。因此,社会贫富差距和财政支出绩效引起的政府信用差异是市场经济发展和政府转型的必然。

(二) 结构方程模型的结果探讨

结构方程模型的数据拟合与修正结果,基本反映了西部地区县域空间内信用政府建构的内在关系,既体现了社会资本的内在关联,也显示出政府信用的传导特性。第一,以人为建构的正式规则逐渐在县域合作和经济社会发展中崭露头角,但是,社会规范的正向作用始终依附于社会资本的其他结构要素,这也充分说明了社会规范内在的相互关系,离开隐性规约的支持,正式规则就有可能成为"空中楼阁";相反,正式规则的构建也将对隐性规约产生补充和修正作用。第二,西部地区县域空间网络规模充分凸显组织信任的重要性,但是汲取网络资源的手段和实现路径却仍与人际信任有着较大的关联性,信任关系纽带分别支撑着网络规模扩张和网络资源的汲取,而社会规范作为关系网络的行动准则与标尺,扮演着维护社会网络稳定性的重要角色。第三,政府信用的传导性是任何地方政府信用所表现的共性特征,不同之处在于传导路径的多少,这与外部区域的社会资本存量和结构有关。伴随着简政放权的逐步推进,由此引发的权责关系调整及其清单管理模式,都将影响着政府能力的提升。

三 信用政府的建构理念及模式选择

(一) 信用政府的建构理念

现代意义上的信用政府是一个以信用为价值导向、以信用制度为行动纲领的善治政府,其实质是政府与社会的共同治理,同时也是社群主义的集中体现。以社群历史传统及其文化为纽带,进一步增强社群价值共识,由此实现政府、社会与公民之间良性互动。一般而言,信用政府的建构往往依赖于内生性的动力机制。它以公共权力的制衡为逻辑起点,以区域利益的协商为建构主线,以行政价值的矫正实现政府角色定位,通过政府官员的伦理教化和社会公众的监督参与,最终实现信用政府内在资源的整合、既得利益的妥协和自我形象的重塑。与此同时,公民意识的觉醒和民主政治的发展,为社会资本的发展创造了条件,一种助推信用政府建构的外生力量正在积蓄。信用政府的建构处在社会资本与政府信用之间,具有两个重要特征,即"社会资本的恒定性"和"政府信用的共振性"。

（二）信用政府建构的路径选择

鉴于我国特殊的政治体制和区域性制度安排，外力式的建构路径不能处于主导地位，尤其是在西部地区的县域城市，往往还要依靠体制机制改革来提升政府信用。因此，信用政府的建构路径应该选择一条二者相互结合、共同促进的路径——二元协同发展，这也体现了社会资本与政府信用的互动关系。通过多元社会主体的参与，彼此增进信任与了解，畅通政府回应渠道，提升政府信用水平和社会资本存量，从而实现善治的理想蓝图。总体而言，信用政府的建构必须依靠政府的主导力量，不仅在于政府权力的配置与运作，还要为社会资本创造良好空间，从全能主导向重点主导、多方参与转变，逐步走出一条"宽口径、广网络、优资源"的协同发展之路。第一，政治信任凝聚是政府形象提升的前提，也是实现信用政府建构的价值基础，主要包括公民参与、价值重塑和规范市场三个方面。第二，多元网络融合是政府活力创造的关键，也是实现信用政府建构的重要载体，主要包括职能转变、组织培育、资源配置三个方面，从转变政府职能到社会资源配置，是一种有序的网络过程。第三，制度规范约束是政府信用监督的保障，也是实现信用政府建构的行动准则，它更加强调了正式制度的作用，而非正式规则仅是在制度变迁中扮演引导角色，主要包括信息公开机制、失信测评机制、责任追究机制、危害补救机制、守信激励机制和申诉复核机制六个方面，形成一个有序循环、相互依存的制度链条。

第二节　治国理政新时期政府信用的新考验

党的十八届三中全会通过的《中共中央关于全面深化改革若干重大问题的决定》提出了全面深化改革的指导思想，规划了中国现代化之路的关键方向和具体路线图，标志着治国理政新时期的到来。治国理政，无信不立。各级政府必须把诚信施政作为重要准则，而诚信施政的前提是提升治理能力，使其适应新时期治国理政的发展需要。新的历史条件下，政府信用赋予了新的内涵，同时也面临许多新考验。因此，必须深刻认识我国经济发展进入新常态的宏观背景，从经济、社会和改革三个层面剖析外部环境变化对政府信用的考验，比如，地方政府债务风险、社会信任危机与舆情隐忧、改革推进动力不足的影响。

一 新常态背景下的经济下行压力

经过改革开放30多年的高速增长，我国后发优势的内涵发生了深刻变化，低成本要素大规模、高强度的数量扩张式的增长模式已经难以支撑如此庞大的经济体量实现高速增长。特别是随着人口红利减少、生产要素成本上升、资源配置效率和要素供给效率下降，中国也面临着"跨越中等收入陷阱"的瓶颈。2014年5月，习近平总书记考察河南时指出："我国发展仍处于重要战略机遇期，我们要增强信心，从当前我国经济发展的阶段性特征出发，适应新常态，保持战略上的平常心态。"由此，新常态作为治国理政新时期的全新理念首次提出，这也是党中央对我国经济发展阶段的重大战略判断。从经济发展阶段转换的一般规律和当前我国宏观经济形势看，今后一个时期仍面临较大的下行压力。

（一）科学把握经济新常态的基本特征

我国经济发展进入新常态后，出现经济增长动力与经济下行压力并存的复杂情况，增加了科学判断经济形势的难度。因此，需要正确认识经济下行压力带来的影响及新变化。2014年的中央经济工作会议，从"消费需求"、"投资需求"、"出口和国际收支"、"生产能力和产业组织方式"、"生产要素相对优势"、"市场竞争特点"、"资源环境约束"、"经济风险积累和化解"、"资源配置模式和宏观调控方式"九大方面，全面阐述了经济发展新常态下的九大趋势性变化。这些趋势性变化表明，我国经济正在向形态更高级、分工更复杂、结构更合理的阶段演化，经济发展进入新常态，正从高速增长转向中高速增长，经济发展方式正从规模速度型粗放增长转向质量效率型集约增长，经济发展动力正从传统增长点转向新的增长点。

当前，我国正处在新旧动力转换的关键时期，新旧动力并存是新常态的一个基本特征。虽然传统动力在弱化、新的动力在孕育，但外延式扩张的溢出效应仍然存在，经济增长的质量和内涵没有发生根本改变。从长远发展看，中国经济新常态特征已经非常明显，即经济增长要从高速转为中高速，逐渐完成探底企稳。例如，从 2010 年第二季度至 2015 年第三季度，经济增速在波动中下行已经持续 22 个季度。这其中有国内外需求扩张放缓的影响，但根本上还是我国发展进入新阶段，经济增长内生动力发生变化的结果（王一鸣、陈昌盛，2016）。现阶段，我国仍处于可以大有作为的战略机遇期，经济长期向好的基本面没有改变，经济发展仍具有巨大的韧性、潜力和回旋余地。

（二）新常态下经济发展面临的几大挑战

一是如何防范财政金融风险。进入新常态后，伴随着增速下行和结构调整，原有的风险化解机制难以继续生效，市场主体行为很难及时做出调整，原来被掩盖的矛盾和风险就会显露出来，主要表现在产能过剩企业、地方性债务、房地产投资市场等领域，而这些问题最终都会在财政金融部门暴露。截至 2015 年，我国地方政府债务预算为 16 万亿元。然而，大量地方政府债务游离于财政预算之外，地方政府债务依赖的融资平台、土地财政、金融机构贷款等使金融风险与地方财政风险相互交叉，极易出现连锁反应，从而转化成系统性金融灾害。从目前的表现来看，截至 2015 年末，商业银行不良贷款余额已连续 17 个季度上升，且不良贷款率已连续 10 个季度上升。

二是如何保持经济平稳运行。伴随着持续的下行压力，经济运行效益整体下滑，如果这种状态拖延过久，将会对经济运行的稳定性带来较大影响。一方面，企业效益下滑幅度扩大。2015 年，规模以上工业营业收入同比增长仅 0.8%，而同期利润同比下降 2.3%。其中，六大高耗能行业利润累计同比增速降幅超过了 40%。另一方面，财政增收更加困难。受企业效益下滑影响，2015 年全国公共财政收入同比增长 5.8%，低于经济增速水平，部分省份甚至出现负增长。与此同时，全国公共财政支出同比增长 15.8%，较上年上升 7.6 个百分点。财政刚性支出特征明显，维持财政稳健性的难度在加大（王一鸣、陈昌盛等，2016）。

三是如何有效稳定市场预期。改革创新的深入推进，离不开稳定的宏观经济环境，政策效果的实现有赖于市场主体形成正面预期。在全球经济增长依然乏力、宏观政策明显分化的情况下，我国经济更需要一个相对稳定的市场预期。在完成增长动力转换之前，市场主体先看到的可能是经济下滑和风险因素逐渐累积。一旦宏观环境无法传递利好信息，企业和民众对未来增长的预期就会恶化，从而抵消改革的正向激励（沈坤荣，2015）。当前，市场主体对于未来的判断仍然缺乏坚定信心，宏观政策始终处于摇摆状态，短期政策与中长期政策缺乏有机协调，最突出的市场表现就是民间投资出现明显下滑，在某种程度上也反映了民间投资对我国经济长期信心不足。因此，面对市场的迷惘和不确定，透明和稳定的政策预期是化解当前中国经济各种风险和不确定的正确选择。

（三）地方政府债务风险的总体考量

经济下行压力使地方政府信用面临更大考验，主要表现为地方政府债务风险。受经济增速放缓、土地调控日趋明显以及地方财政增速回落等因素影响，地方政府债务导致的宏观系统性风险仍在累积叠加，个别地方政府资产负债率超过100%，区域及个别地区仍存在短期风险，偿债压力非常大。截至2015年底，我国地方政府债务预算为16万亿元，然而，大量地方政府债务游离于财政预算之外。目前，地方融资平台自身信用不断向政府信用靠拢拉近，信用风险也逐渐从个体信用风险向地区风险和宏观系统性风险迁移，高层级政府的信用风险不断累积加大。[①]

国际经验表明，发达国家的政府债务大多数是在高速增长以后为刺激经济增长而形成的，而我国的地方政府债务是在高速增长期尚未结束时就已经形成，一旦经济增长速度放缓，那么原先被掩盖的政府性债务风险就会立刻暴露，这也是新常态下经济发展面临的第一大挑战。特别是随着城市化进程不断推进，地方政府债务扩张的风险也逐

---

① 参见中诚信国际信用评级有限公司发布的《2014年中国地方政府信用分析报告》。

第七章 信用政府——迈向治理能力现代化的基石

步显现,主要表现为:融资不规范,多头举债,举借主体多达15.4万家,涉及省、市、县、乡各级政府机关、事业单位、融资平台公司和一些国有企业;举债方式过多过滥,包括银行贷款、企业债券、中期票据、信托、回购(BT)等30余种,为规避监管,已经从信贷转向非信贷,从银行表内转向表外,从显性转向隐性。

总体来看,地方政府性债务风险总体可控,短期内爆发全面债务危机的可能性较小,但部分地区由于经济发展水平较低、产业结构单一、产能明显过剩、融资能力较弱致使其偿债压力较大,存在爆发债务危机的可能性。因此,必须严格规范地方政府性债务管理机制,加强总量风险控制,优化贷款结构,积极稳妥化解存量风险。

二 社会转型面临的潜在风险

伴随着经济发展进入新常态,社会转型步伐也在加速,社会分化和利益失衡加剧,各种制度化风险不断积累,导致社会潜在风险日益增多。当前,我国经济社会发展不仅面临着不平衡、不协调、不可持续等问题,还存在思想观念的障碍、体制机制的痼疾、利益固化的藩篱等。在激发社会主体发展活力、释放更多社会能量的同时,也为复杂社会矛盾的产生提供了多种可能。总体而言,国内外形势仍有许多不确定性,不稳定因素增多、社会结构多元、新旧秩序相互交替,容易滋生社会道德失范、社会焦虑加剧、信任危机加深等社会风险因素,造成不同历史阶段风险因素交织叠加的特征。社会转型时期的风险既有现代化社会风险的普遍特征,又有中国转型社会风险的特殊表征。从可能影响政府信用的因素看,潜在风险主要体现在以下几个方面:

(一)社会认同和信任关系弱化

当前社会转型的非均衡性和社会极化的形成,直接导致了"社会结构紧张"[①],加之社会建设长期滞后于经济建设,在加速转型的

---

① "社会结构紧张"也称为"结构紧张",最初由美国社会学家默顿提出,是指因社会结构的不协调而导致社会群体之间的关系处在一种对立的、矛盾的状态下。在此状态下,社会矛盾较易被激化,社会问题和社会危机容易产生。

过程中必然导致结构冲突、体制摩擦和利益分化交织，使得社会成员在利益诉求中片面追求经济理性，社会认同弱化，价值失范明显。特别是在全面深化改革新时期，社会公众价值观念呈现多样化特征，原有社会规范对社会秩序的调控作用减弱，新的社会秩序尚未建立起来，贫富分化、收入分配不公、"权大于法"等问题没有得到根本解决，这些都不可避免地削弱了政府在公众心中的权威性和公信力。社会认同和信任关系弱化，最核心的症结在于制度公信力不足，政府层面的理性选择和制度设计在广大基层社会成员日常生活中的影响力日益式微。

以社会保障制度为例，目前社会公众对此表现的不信任感在增强，尽管社会保障在"十二五"期间已初具普惠全民的特色，但公平性不足仍然是各项社会保障制度的共性。比如，全国基本养老保险基金积累日益增加，但许多人却在怀疑这一制度的可持续性，以致越来越多的人担心领不到养老金，不参保、停保或尽可能少缴的现象有蔓延之势。又如，2013年国务院出台发展养老服务业的重要政策文件，结果被媒体与公众简化成"以房养老"并被进一步演绎成政府要推卸责任。此外，渐进延迟退休年龄、医疗保险终身缴费等政策思路出台均遭遇多数人质疑与反对，等等（郑功成，2016）。不可否认，这其中有媒体炒作的嫌疑，但也要从制度设计层面思考政策出台的价值意图，老百姓并不是不愿意缴费，而是目前的社会保障制度公平性不足、效率不高，社会公众对未来政策缺乏合理预期。如果公众对社会保障制度丧失信心，也就丧失了认同和参与的积极性。

（二）社会焦虑和浮躁情绪增多

社会焦虑是一种普遍存在的社会心理现象，通常表现为人们对社会生活中的高房价、高物价、高通胀、负利率、贪污腐败等现象的直接担忧和不满。社会加速转型，意味着整体利益结构的调整，大批社会成员、社会群体的经济社会地位被重新洗牌，人们面对未来的不确定性因素和潜在风险增加，同时缺乏"本体性安全"和"例行化"管理，容易产生对自身安全的担忧和恐慌，甚至出现社会焦虑。部分焦虑、普遍焦虑由于涉及面广，且直接影响对民众情绪

第七章　信用政府——迈向治理能力现代化的基石

的控制，容易引起社会骚动和群体间不信任。还应看到，政府失信也是造成社会焦虑、引发群体性事件的重要诱因之一，很多社会焦虑现象或多或少都与此有关，特别是涉及住房、医疗、教育、就业、社会保障等民生问题，由于缺乏对改革的广泛共识，许多政策稳定性和连续性不强，直接催生社会成员不同程度的非理性行为，使得人们对长期行为往往不感兴趣，相反却会热衷于短期行为，容易形成从众行为和越轨行为。

由于社会结构不断分化，群体性焦虑在日常生活工作中表现得较为突出。改革过程中各种利益的受损，收入差距不合理的过分拉大造成了不同社会群体间的利益失衡，尤其是引起了社会底层人群严重的心理落差，产生强烈的相对剥夺感（李诚，2011）。随着经济下行压力和结构调整深化，部分隐性失业已经出现显性化苗头，就业形势不容乐观，特别是在重化工业部门和资源型地区，一些企业经营困难，部分企业甚至依靠贷款维系日常营运，员工轮岗、待岗和拖欠工资的现象时有发生。这些都可能导致中下阶层群体的情绪不满和焦虑，加之现有社会阶层固化明显，个人向上流动的机会受到阻滞，基本权利得不到保障，更使得一些弱势群体改变现状的心理极度敏感和脆弱，往往会产生对社会的不满情绪（温淑春，2013）。社会转型时期存在的社会矛盾和问题，有一些可能没有那么严重，如果人们的社会焦虑和浮躁情绪日益增多，再夹杂一些不公正的心理感受，就容易把本来不是很严重的矛盾和问题看得很严重，容易迁怒于他人、他事，进而激化某些社会矛盾和问题。比如，各种官僚主义、权力腐败行为和各种投机暴富现象，助长了社会上一部分人的"仇官"、"仇富"心理。

（三）新媒体时代带来的舆情隐忧

社会转型期的多重利益、多元价值观念引起各种思想交互碰撞，特别是随着微博、微信、SNS等新媒体的迅猛发展，网络舆情已经逐渐渗透并影响着社会生活各个方面，成为影响人们社会判断与行为、政府决策和施政的重要力量。互联网管理政策中对"匿名性"的尊重和保护，削弱了传统"把关人"对网络传播与表达的审查；与此同时，互联网空前活跃的舆论"流动性"，让信息在虚、实两个社会空间进行充分的互动传递。由此可见，网络新媒体与传统媒体最本质的差别在于，传统媒体是"主导受众型"，而网络新媒体则是"受众主导型"，这就意味着每个团体和个人都是舆论的传播者，互联网时代的舆情传播范围广、时效性强，如果网络话语权控制不当，很可能产生"情绪型舆论蔓延"、"假新闻误导舆论走向"等负面影响，造成可能威胁社会稳定的不良事件。梳理近年来的舆情热点，从公共管理部门角度看，网络舆情事件的风险源大体可以归纳为"八涉"事件①，其中涉"官"和涉"腐"事件与政府信用密切相关，也是社会关注的焦点（张磊，2013）。

　　官员在一定程度上是其所在政府机构的形象代表，与官员有关的网络事件是网民关注度较高的兴趣点，也极易被推成网络舆情事件，如果处置不当可能会损害政府信用。有研究表明，涉"官"事件网络舆情存在着网民刻板印象、媒介不作为或不当作为、网民从众行为等因素共同作用所致的"一边倒"现象。不可否认，当前一些官员确实存在工作作风、生活作风等问题，在公众中造成了不良影响，从而使公众对官员整体产生了刻板印象，以致涉"官"事件在面对网络时极其脆弱。与官员密切相关的还有腐败行为，当涉"腐"事件遭到网络曝光时，网友无不拍手称快，并迅速转发。特别是党的十八大以来，中央加大反腐力度，网络反腐呈现出井喷的局面，有关部门也更加重视网络的反腐功能，相继查处了一批政府官员，赢得人民群众的广泛称赞。但同时也应看到，还有一些事件的曝光是蓄意而为的，一些利益集团制造网络中难以及时查证的谣言、传言、危言传播信息，利用水军和推手绑架了网民的意见表达，故意抹黑政府形象，虽然及时进行澄清，但由此带来的负面影响一时仍难以消除。正如张明新、刘伟（2014）的研究所指，公众对互联网的政治性使用已威胁到公众对政府的信任状况，但情形还远未达到严重的境地，新媒体

---

① "八涉"指的是与官员、炫富、警察、腐败、色情、暴力、造假、弱势群体八个方面有关的舆情事件。

第七章 信用政府——迈向治理能力现代化的基石

时代带来的舆情隐忧不可忽视。

三 改革推进的障碍与阻力

治理现代化实质上是一个与时俱进、改革创新的过程，没有改革创新，就谈不上推进国家治理现代化。当前，全面深化改革已进入深水区，推进改革的关键是，充分挖掘内在潜力、汇聚改革动力，最大限度地减少改革的阻力。能不能适应新常态，能不能让新常态逐渐走向成熟，关键就在于全面深化改革的力度。党的十八届三中全会以来，已确定的各项重点改革任务正稳步推进，有些领域取得积极进展，但总体感觉推进阻力较大，特别是在金融、土地等要素市场领域，改革的任务还很艰巨，垄断行业、国有企业改革等也没有到位，这些不仅影响了市场机制作用的发挥，也对政府治理能力提出严峻考验。到2020年，确定的重点改革任务如果不能按时完成，人民群众没有切实感受改革带来的红利，可能会对政府信用产生极大负面影响，业已建立的政治信任关系可能也将大打折扣。

（一）深刻认识新一轮改革的复杂性

从某种意义上讲，改革就是既得利益的再调整，最初的改革主要针对旧体制弊病，改革容易取得广泛共识并易于推进，凡属旧体制束缚的人几乎都是受益者，相对来说阻力就小得多。相比而言，全面深化改革面临的外部环境十分复杂，除了继续革除旧体制弊端外，更要触及到既得利益集团所获取的许多不当利益，当前面临的最大难题还是利益格局的调整。可以说，全面深化改革到了必须"啃硬骨头"、"涉险滩"的攻坚克难阶段。

一方面，利益关系调整势必触及部分既得利益者已经取得的利益和预期得到的利益，涉及不同的部门、行业、地区和群体，利益诉求必然存在差异，对深化改革的态度自然也各不相同。进入深水区的改革很难再做到帕累托最优，部分群体利益受损在所难免，这就使得一些改革的推进出现"中梗阻"和"最后一公里"现象。全面深化改革不仅要敢于直面既得利益集团的阻挠，更要以极大的政治智慧和政治勇气破除利益固化的藩篱，不失时机地大胆开拓。

另一方面，改革从一开始就非简单的修修补补，应避免部门碎片化，注重整体性、系统性和协同性。只有抓住关键领域改革才能真正"牵一发而动全身"，但哪些是关键领域的改革，如何推进这些改革在认识上却没有形成广泛共识。相比以前的"摸着石头过河"，当前的改革对各方协同配合的要求越来越高，随着改革的不断深入，各领域各环节改革的关联性、互动性明显增强，每项改革都会对其他改革产生重要影响，每项改革又都需要其他改革协同配合，这在客观上也增加了改革的复杂性。

（二）改革试点推进的已有评述

习近平总书记在中央深改组会议上强调，改革要处理好"最先一公里"和"最后一公里"的关系，突破"中梗阻"，防止不作为，把改革方案的含金量充分展示出来，让人民群众有更多获得感。要把鼓励基层改革创新、大胆探索作为抓改革落地的重要方法，坚持问题导向，着力解决好改革方案同实际相结合的问题、利益调整中的阻力问题、推动改革落实的责任担当问题。

近年来，已有学者针对改革方法与试点推进问题进行了研究，有针对性地指出了改革推进面临的问题及体制机制障碍。魏加宁等（2015）在《改革方法论与推进方式研究》一书中指出，应摒弃过去那种仅仅依靠政府主导下的单一行政手段推动的运动式改革模式，转向通过推进治理体系和治理方式的现代化，构建持续推进改革所需的体制机制架构，包括事前事后评估机制、干部任用选拔机制，以及改革的沟通机制和利益协调机制等相关配套机制。张永伟（2015）通过对近年来试点工作的考察，认为过多依靠倾斜性政策推动试点容易造成"改革成功假象"，很多试点缺乏实质性改革突破，一些试点甚至会成为以改革名义延缓改革的手段，还有些改革根本不需要试点却仍以试点方式启动改革，实质上延缓了改革进程。据大致统计，在近10年我国实施的200多个国家试点项目中，未得到推广项目的数量（57.3%）高于已推广的项目数量（42.7%）。在此基础上，提出了改进试点工作的总体思路和具体建议，比如，树立全面深化改革试点的新思维、建立试点工作的协调机制、完善健全试点选择机制、建立

第七章　信用政府——迈向治理能力现代化的基石

纠偏纠错机制等。

（三）现有改革推进方式的弊病

一项改革要取得实效，不仅需要设计一个好的改革方案，同时也要制定有效的推进方式，只有二者有机结合，才能确保改革真正落地。党的十八届三中全会以来，改革举措出台的数量之多、力度之大前所未有，抓落实的任务之重、压力之大也前所未有。当前，改革推进某些方面不尽如人意，既有改革方案自身的原因，也有推进方式不科学的问题。

从改革方案自身看，方案设计缺乏清晰的目标导向，兼顾性目标导向较多，没有考虑现实推进的实际困难，在实际操作过程中既可以这样做也可以那样做。方案制定过程中，仍然是以部门利益为主导，遇到利益冲突和不一致意见时，通常采取删减方式以求共识，实在绕不过去的问题有时就采取模糊表述，进而把矛盾冲突下移。关联性改革方案之间相互打架、彼此冲突现象也时有发生，"各说各的话、各做各做的事"的情况比较多。此外，还有些改革方案前后矛盾，缺乏连续性，之前的还未废止新的又出台，从而造成实施操作过程中的执行偏差。

从改革推进动力看，改革的包容机制、免责机制表述不具体，缺乏可操作性。有些改革的推进主体与改革对象存在角色冲突，自己改自己难免出现利益保留，很难保证方案的设计更有突破性，也不可避免出现固守自我利益。更为重要的是，改革缺乏有效的激励机制，一些地方政府有等、靠、要的倾向，基层政府治理能力与当前改革需要尚有较大差距，一定程度上影响了政府公信力。领导干部改革创新的积极性不高、主动性不强，一个重要原因就是，反腐形势下许多领导干部出于"多干多犯错，少干少犯错，不干不犯错"的心理，对市场主体的需求视而不见，贻误改革时机。

第三节　治理能力现代化进程中的社会资本

治理能力现代化实质上是一个与时俱进、改革创新的过程，本身也意味着国家治理要从未现代化或者前现代化进入现代化。当前，国家治理的转型是内外因素共同作用的结果。一方面，传统治理职能的体制性衰退引发了政府信用危机的产生；另一方面，传统治理模式也不利于激发社会主体的发展活力，亟须依靠一种外部力量推动国家治理的转型。社会成员基于信任关系、社会规范基础上相互交往、合作形成的社会资本，是实现治理能力现代化的重要力量。因此，应当高度重视政府信用的治理意义，特别是其实现离不开社会资本的积极参与。社会资本主要通过作用于政府信用进而影响政府治理，是国家治理体系和治理能力现代化的必要条件，要有序规范和引导社会资本，构建其良性积累的政治生态机制。

一 政府信用的治理意义及实现

正如上述所言，信用是政府自诞生之初就形成的一种价值。这种普适价值被视为政府执政合法性的主要来源之一，政府信用水平的高低决定了政府治理现代化进程。随着我国经济发展进入新常态，传统的增长方式难以为继，面临的潜在风险和社会矛盾也逐渐暴露，这些都是信用政府建设面临的新挑战。如果民众对政府行为缺乏心理预期，全面深化改革没有明显进展，不仅影响了政府自身形象，还涉及整个社会信用体系的建设，甚至会引发政治合法性危机。党的十八届三中全会指出，科学的宏观调控、有效的政府治理，是发挥社会主义市场经济体制优势的内在要求。因此，必须切实转变政府职能，深化行政体制改革，创新行政管理方式，增强政府公信力和执行力。在新的历史时期，应当高度重视政府信用的治理意义，信用政府建设已经成为政府治理能力现代化的重要内容。

（一）政府信用是实现治理能力现代化的基础

国家治理的有效程度，往往取决于社会共识的凝聚程度，因为一个缺乏基本共识的国家根本谈不上有效治理。推进国家治理能力现代化的核心要义就是要提升国家治理的有效程度（张贤明、田玉麒，2014）。作为国家治理的重要主体之一，政府的政策制定和执行能力直接影响其他治理主体的运作方式及效能，比如，政府公共政策制定

第七章 信用政府——迈向治理能力现代化的基石

过程中如何更好与公民沟通,从而进一步增进互信和提升效率。改革开放以来,威权主义的治理模式结束了民粹主义的无序状态,并在短期内凝聚人心、形成共识,通过行政、政策手段推动经济的快速增长和社会秩序的稳定(刘建伟,2015)。如何增进政府与公民之间的信任,形成推动经济社会发展合力显得尤为重要。

第一,高水平的政府信用有利于增强改革共识。当前,改革面临的外部环境远比想象中复杂,利益格局调整带来的阻力有增无减,不同利益群体的诉求更为多元,各种针对改革的社会舆论更加嘈杂,这也加大了达成改革共识的难度。需要指出的是,新时期凝聚改革共识,不仅是对原有改革共识的延续,还是面对新情况对改革共识的重塑,都离不开一个良好的政府信用。政府信用水平越高,社会民众对政府官员、组织机构及其制度安排的信任就越高,有效协调沟通的能力就越强。高水平的政府信用能够更好理解其他治理参与主体的诉求,最大限度调动一切积极因素,从而获得社会各界的广泛信任和大力支持。

第二,高水平的政府信用有利于提升治理绩效。政府治理绩效与政府的合法性、组织力、执行力紧密相关,还会受到治理结构和治理体制的影响。提升治理绩效的关键在于,充分发挥政府的引导整合功能,激发社会不同主体的潜能和活力,最大限度改善社会民生、促进经济增长。最为重要的,还是强化政府的合法性和执行力。已有研究也表明,政府信任作为政府信用内涵的重要构成,是衡量公众对政府及其治理认可和支持程度的重要理论工具(Almond and Verba,1963;Easton,1965),同时也是其政治合法性的重要来源。政府的一切行为都必须以政府信用为前提,高水平的政府信用能够有效增加个人和组织的交往频率,减少公共治理成本,有效提升治理效率。

第三,高水平的政府信用有利于引导公众参与。一个始终以广大人民群众利益为出发点,以民主、法治、高效、廉洁为价值基础的信用政府,才能获得来自社会各界的广泛信任和大力支持,政府对于自己扮演好社会治理引导者的角色就会更有信心(洪伟,2015)。目前,政府治理仍然存在公民参与不足、政府缺乏有效回应等问题,直接影响了政府与社会主体之间的有序互动。加强公民参与，内在的动因之一在于提升政府与公众的沟通协作，增强公众对政府的信任感，提升公众对政府的心理认同（高勇，2015）。因此，只有基于政府发展目标、权力合法性以及契约有效性的认可，建立畅通有序的多元主体参与治理网络，才能更好引导公众参与，这也是政府信用的内涵要义所在。

（二）政府信用的实现离不开社会资本参与

从推动力来看，政府是社会资本的最大来源之一，政府的合法性和可信度对于社会资本的形成和增加至关重要（李军，2006）。实证分析结果显示，政府信用具有传导性特征，传导路径的多少与区域社会资本存量、结构有关。历史经验也表明，一个共同体的信任越普遍，国家与社会、政府与公众之间的良性互动就越有可能，政府自身信用的提升空间就越大。超越现代政府信用的困境，将信任作为公众与政府互动关系的前提，以更加复合、开放、动态的视角寻求政府信任的基础，从而推动公众与政府信任关系的主动建构。由此可见，社会资本参与对于政府信用实现将发挥更为积极的作用。

一方面，社会资本为公众认可培育社会信任基础。社会资本的基础是社会信任，一个社会的经济繁荣程度取决于该社会的普遍信任程度。社会普遍信任的形成，是建立在社会成员通过不同层次和领域的合作参与基础上的。只要政府与公众的沟通互动顺畅了，政府决策制定真正体现了公共利益，政府的群众基础就更加牢固，社会公众认可也随之提高。中国社会进入全面转型时期，新的社会结构需要重建新的社会信任，多元主体参与治理更需要以社会信任为基础，其中以政府信用为社会信任的核心。政府应当积极促进公民参与政府决策，积极与公民互动沟通，保障公民的表达权，让公民有机会表达和监督政府，从而弱化"批判性公民"的负面影响，提升社会公众的政府信任水平（芮国强、宋典，2015）。

另一方面，社会资本为政府能力实现提供参与网络。公共参与网络能促进合作、团结、民主等公民精神的培育，增加博弈的重复性，有助于克服集体行动困境，提升政府治理绩效。通过公共参与

第七章 信用政府——迈向治理能力现代化的基石

网络，社会公众可以了解彼此的共同需求和利益差异，并以理性沟通协商的方式寻求一致性意见。它不仅存在于公众与公众之间，同样适用于政府与公众之间，这对于推进治理能力现代化至关重要，也更为迫切。当前，政府失信行为仍然较为突出，有些方面不是因为主观因素，而是由于自身能力不足导致的，这与传统治理模式参与网络单一、提供公共产品低效有关。因此，需要依靠社会资本进一步拓展参与网络，使之更加富有弹性和活力，真正让治理主体发自内心地信任其他参与者，并自觉遵守地方治理的运作规范，在相互合作中提升政府能力。

二 社会资本对治理能力现代化的影响

社会资本在政府治理过程中发挥着重要作用，它主要通过作用于政府信用进而影响政府治理，是国家治理体系和治理能力现代化的必要条件。可以说，政府治理与社会基础密不可分，社会资本理论或许可以成为一个研究视角。作为社会资本的核心要义，信任、互惠、规范以及参与网络是政府和公众沟通及联系的关键，这些要素结合形成的力量能够提高社会的凝聚力，有助于实现治理主体和权力来源的多样化。深刻认识现代社会资本的角色定位，必须对治理能力现代化的内涵进行阐释。在此基础上，从正负外部效应的角度分析社会资本的影响作用。

（一）治理能力现代化的认知审视

国家治理作为公共管理学概念被学者们广泛关注，肇始于1992年世界银行发布的年度发展报告《治理与发展》。此后，"治理"、"国家治理"等概念被公共管理学和政治学领域的诸多学者研究和讨论，成为学界探究的焦点。党的十八届三中全会明确提出："全面深化改革的总目标是完善和发展中国特色社会主义制度，推进国家治理体系和治理能力现代化。""国家治理能力现代化"首次进入党的全会文件并成为研究国家治理的新方向，是新时期社会主义民主政治建设的必然要求，也是党和国家执政理念科学转变的重大信号。国家治理现代化主要包括治理体系和治理能力现代化两个方面，其中治理体系的建设尤为受到关注。然而，仅有合理的治理体系是远远不够的，国家治理体系的建构需要治理能力的支持（萧鸣政、郭晟豪，2014）。需要指出的是，这里仅仅讨论治理能力这一范畴。

国家治理能力现代化包含的内容十分丰富，具有多重表征，很多学者也进行了归纳。刘建伟（2015）在《国家治理能力现代化研究述评》一文中进行了总结。概括而言，大致分为以下几类：（1）"三表征说"，即制度化、公平化、有序化；（2）"四表征说"，包括国家治理的民主化、法治化、文明化、科学化；（3）"五表征说"，一种表述为治理制度化、治理民主化、治理法治化、治理高效化、治理协调化，另一种表述为治理主体的多元性、治理关系的交互性、治理模式的复合性、治理方式的科学性以及治理结果的有效性；（4）"综合表征说"，包括国家、市场、社会机制的互相支撑与平衡，法治与德治的有机统一，民主与效率的相互补充与协调。总体来看，已有的研究对国家治理能力现代化的表征不尽相同，大都包含了制度化、民主化、协同化和高效化四个方面的特征。张贤明、田玉麒（2014）认为，当下中国推进国家治理能力现代化需要特别重视共识凝聚能力、制度构建能力、科学发展能力与改革创新能力。国家治理能力现代化具体地表现为持续提升的制度执行能力（柏维春，2014）。

国家治理涉及多元治理主体、多种治理手段和复杂治理机制。推进国家治理能力现代化，需要充分发挥政府、市场和社会三方力量，综合运用多种治理工具、动员各方社会资源，通过强化公民参与提升政治认同感，进而推动社会结构和功能的调整、社会主体间关系的重塑和规范。"政府治理"作为国家治理的一个中心，在国家治理体系中处于关键位置。国家治理的转型首先是要实现政府治理的转型，即由人治型向法治型、全能型向有限型、管制型向服务型转变。因此，我们可以理解为，政府治理能力是国家治理能力的重要体现，其核心特征与国家治理一脉相承，它是以制度化为根本保障、协同化为基本手段，多元主体参与政府治理的过程。从这个层面看，治理能力现代化是以政府信用为基础、实现善治为目标，

第七章 信用政府——迈向治理能力现代化的基石

以规范权力配置和运行机制为重点的系统性改革,更加注重治理的制度化、民主化、协同化和高效化,主要表现为"治理结构+制度安排+治理绩效"。

(二)现代社会资本的角色定位

根据本研究的定义,社会资本是基于信任关系的社会群体及成员在特定的社会规范指引下相互交往、合作形成的一种网络关系。从本质上讲,社会资本是一种公共产品,它产生于人们的社会交往关系中,主要以关系网络的形式体现,其核心要素是信任关系、社会网络和社会规范。当前,社会资本正经历着由传统社会资本向现代社会资本的转变,但传统社会资本存量仍较为充分,现代社会资本存量不足。推进治理能力现代化,更多的是发挥现代社会资本的作用,因为它更加注重个人能力的发挥和个人价值的实现,强调社会成员之间的自主、平等、信任和互惠合作关系。可以说,培育现代社会资本,有利于提高政府信用,改善传统治理框架,不断发挥多元主体的参与作用。主要体现在:

(1)提高社会流动性。较高的社会流动性是维持长期经济增长的必要条件,也只有较高的社会流动性才能保证动态的机会公平,从而调动不同治理主体的参与积极性。从信任关系维度看,现代社会资本的培育主要依靠组织信任,政府治理如果缺乏组织信任的支撑,其有效性是难以实现的。现代社会全体成员之间的互动与信息交换都必须在抽象体系中的信任机制中进行。只有形成了普遍意义的信任关系,社会成员之间的关系网络才能更复杂,社会资源的互动与信息交换才会更频繁,不同阶层的社会成员流动性才能得到提高。奥尔森说,当一个社会被各种利益集团所挟持,各利益集团的利益日趋固化,那么这个社会的发展就停滞了。因此,要通过加强社会成员交往,进一步增进彼此信任,包括社会公众对政府的信任,提高社会阶层的流动性,避免形成一种"拒绝合作"的稳定社会均衡。

(2)增强治理回应性。网络是当今社会人与人之间沟通交流的重要纽带,是社会行动者及其彼此间关系的集合。以关系网络为载体的社会资本,可以为公民的利益表达提供多种渠道,促进政府与公众之间的良性互动，积极创造走向"善治"的有效空间。对于政府治理而言，重点强调政府与公众以及社会的合作理念，主张通过公共权力的分享来实现多元治理的有序互动。关系网络越广泛、越密集，公众就越有可能为了共同利益而积极参与，并且会放大其他个人值得信任的信息。通过公共参与网络，公众可以了解彼此的共同需求和利益差异，有效表达对政府决策的意见，从而有助于提升政府的有效回应，进一步扩大民主协商基础，为政府治理奠定稳固的民意基础。

（3）发挥主体多元性。治理的实质是建立在市场原则、公共利益和认同基础上的合作，它所拥有的管理机制主要不是依靠政府的权威，而是合作网络的权威。现代社会资本最具特色的，就是构建了这样一个合作关系网络，使得不同社会主体通过合作、协商、伙伴关系等方式对公共事务进行管理，其权力向度是多元的、相互的。这种多元主体参与既是治理的核心要素之一，也是善治所倡导的"政府权力让渡"。由此可见，现代社会资本在治理能力现代化进程承担着重要角色。具体而言，信任基础使得不同参与主体愿意并敢于表达自身的立场；关系网络使得不同参与主体的意见和诉求能够通过畅通的渠道和关系路径得以表达；由互惠形成的社会规范反映了不同参与主体之间相互信任和紧密合作的整体秩序。

（三）社会资本的外部效应及影响分析

政府治理的关键问题，是转变政府职能、创新管理方式，构建以信用为基础的服务型政府，进而为形成多元治理创造环境。社会资本理论有助于引起人们对社会状况、经济条件、政治传统等因素的重视，主要关注人与人之间的社会关系以及镶嵌在社会结构中的信任、规范和参与网络等公共精神。基于文化传统和特定的历史背景，社会资本也有可能导致"拒绝合作"，传统习俗、潜在规则等非正式关系也有可能对政府治理及其社会资源分配产生不良影响。由此可见，社会资本是一把双刃剑。如果运用得当，能够更充分地释放制度红利；如果运用失当，则会使治理活动陷入泥淖。

从正外部效应看，社会资本为有效政府治理创造了优良的社会土壤，促成了经济的繁荣和民主政治的良好运转，是创新政府治理模

第七章 信用政府——迈向治理能力现代化的基石

式、提升政府治理绩效的重要前提,我们可以称之为"积极的社会资本"。它一般与横向的、开放的组织结构、社区文化和公民文化、自治的社团组织相联系,其后果是形成普遍的信任关系。卡雷斯·鲍伊斯(Carles Boix)分析了社会资本促进政府治理的五个微观机制:(1)积极参与公共事务的网络可以增加官僚的责任感,同时拓宽人们的利益表达渠道;(2)如果人们对他人遵守政府规则的信任度增加,就会减少政府强制执行的成本;(3)社会资本可以形成一种公民美德,努力培养人们对公共事务的关注;(4)官僚之间的信任和合作可以降低上级监督下级的费用,从而提高官僚的工作效率;(5)社会资本可以促进精英之间的妥协,消除不同群体间的隔阂。

从负外部效应看,社会资本作为一种非正式制度安排,是正式制度缺少情况下的一种不得已的安排。虽然对政府治理现代化有积极作用,但若缺乏正式制度的引导与规范,反而会妨碍政府治理绩效的提升。我国传统社会规范与伦理是在血缘关系或拟血缘关系基础上构建的,社会资本主要镶嵌在以家庭为核心的家族关系、朋友关系当中。在这样的条件下,社会资本外部性的发挥使得以家庭为核心的小群体联系越加紧密,加剧了群体结构的封闭性,导致社会对立的"铝魔杖困境"。进入现代社会后,由于各种伦理观念对中国传统伦理的冲击,传统的小群体式的关系模式得以保留,但维系关系的关键则逐渐由"血缘"转变为"利益",在功利主义的催化下原本严格的小群体内部的权利义务关系也变得松散不堪,形成了为社会道德所不容却又无孔不入的"圈子文化",腐败社会网络也就由此产生。

三 社会资本的良性积累:提升政府治理的重要抓手

从社会资本理论角度看,当前存在的许多不良社会风气都与官本主义有关,它在破坏公共生活社会资本的同时,本身也成为不良社会资本而积累下来,并不断放大负面效应。一旦在关系、规范、信任之间形成恶性循环,社会资本便进入不良状态,极大地影响政治生态的健康发展(时和兴,2015)。如何规范和引导社会资本,构建良性社会资本积累的政治生态机制,是推进政府治理能力现代化的重要议题。因此，需要把握政治生态系统在不同层次的复杂性，进一步整合社会资本，着力培育现代意义上的社会资本，进而形成良好的政治生态。在讨论良性社会资本获取与积累时，主要从社会规范重构、关系网络重塑、信任关系重建三个方面进行阐述。

（一）社会规范重构：非正式规约的合理引导

通常来说，社会规范有正式与非正式之分。正式的社会规范主要指法律、法规、规章等具有法律效力的规范；非正式的社会规范则主要指社会生活中没有正式成为法律规定但被广泛认可并遵循的规范，例如道德规范、生活习俗等。正式规范与非正式规范间有紧密的联系，一般来说，正式规范会反映部分非正式规范的内容并且对公民具有实际的强制约束力；非正式规范的范围比正式规范更加广泛，虽然没有国家机器作为强制约束的保障，但通过舆论压力、渗透等方式对人们的思想观念和行为方式产生重要乃至决定性的影响。正式规范如与非正式规范目标一致，则非正式规范有助于正式规范的执行，如果两者出现冲突，非正式规范的影响可能会阻碍正式规范发挥作用。

秩序良好的公共生活以正式规范和非正式规范的一致性为基础，这样才能产生既合理又合法的权威，建立非人格化的权威服从关系。然而，官本位、个人权威等不良社会资本及其所依附的非正式规约，扭曲了权利和义务、正式规范和非正式规范、法理和伦理相互之间的关系，严重影响着社会的信任和互惠程度，其根本原因还在于现代民主法治精神的缺失。重构社会规范，不是全部否定传统习俗、宗族关系等非正式规则，而是对其中一些与法治精神相违背、不利于政府治理的规约加以合理引导，对其中的积极因素加以讨论转化为理性的正式制度。

改变人格化的权威服从关系，就是要打破传统依附式的交往关系规则。无论在公共生活中以何种关系状态存在，所有行为主体都不得违背法治精神和公共伦理，不能以"圈子文化"、"潜在规则"代替法律制度。没有稳定的制度结构和稳定的行为预期，就不利于构建法治社会、法治政府。因此，政府要强化制度建设，坚持依法行政，削弱人际关系在资源配置中的重要性，使社会资本成为法治的弥补和社会良性运转润滑剂。唯有如此，才能够为社会资本的良性积累打下坚实的制度基础，使积极的非正式规约逐步上升为正式规约，同时努力改造落后的非正式规范。

（二）关系网络重塑：不同关系型网络的有效回应

实现社会资本的良性积累必须重塑关系网络，提高公民的政治积极性和参与意识。自主参与公共生活和集体行动的各种主体作为社会网络的节点，通过契约精神串联在一起，构成完整的社会交往结构。这种关系网络呈现平等性、自主性和契约式特征，通常在公共领域开展合作实现资源有效配置。如何为公民平等参与提供公共空间，有序推进社会组织自治发展，成为治理能力现代化进程中重塑关系网络的关键。开放畅通的社会网络能够促进不同群体间的沟通与协作，有利于彼此间信任关系的建立，进而提高社会治理绩效。然而，如果社会网络中存在彼此割裂的"小圈子"，事情则截然相反。因此，需要正确区分"强关系"社会网络和"弱关系"社会网络的特征，尽快建立和完善"官民共治"的制度框架及回应机制，让更多的公众通过合法方式有序参与公共生活的管理。

应该看到，基于传统血缘、地域以及共事关系形成的社会网络属于"强关系"网络，个人社会资本在促进区域经济发展、改善政府治理方面也发挥了积极作用。从已有观察中可以发现，地方政府主要官员异地交流任职，通常都会借助在原来工作地方积累的个人社会资本，带动各种社会资源流向新的工作地方，尤其是在产业招商、企业融资、吸引人才等方面表现得更为突出，这是正式制度安排下资源整合所不具备的先天优势。只要在这种关系网络交往过程中不发生利益输送、徇私枉法等腐败行为，这种官员自身积累的个人社会资本是可以有效利用的。由于"强关系"网络既有内部协作默契的优点，也存在较大封闭性和割裂性，容易成为"潜规则"滋生的土壤。此外，"强关系"的社会网络也不利于培育多元参与主体，因为这种网络有着较强的群体规则和内在契约，往往是某几个关键节点控制着社会网络的运作。

与之相对应的是"弱关系"网络，它在群体、组织之间建立联系纽带，不同行为主体之间互动频率较弱。社会网络本质上是一种弱关系，体现了理性的社会交换，人与人之间的正常交往互动通常是通过"弱关系"网络实现的。因此，一方面，应构建以"弱关系"为主导的开放畅通的社会网络，注重回应不同群体、不同组织的利益诉求，扩大关系网络空间；另一方面，要防止"强关系"社会网络可能滋生腐败现象，使"强关系"不能越过法律为圈子内部成员谋取利益，引导"强关系"网络中成员通过合法方式开展投资合作。

（三）信任关系构建：社会信用体系的不断完善

信任的发生依赖于社会环境的可信赖度、社会结构信息流动的能力、与奖惩相伴的规范。一定程度的信任等社会资本要素对于地方治理是必不可少的，它可以为政府治理培育理性而积极的参与主体。在公共事务参与过程中，公众之间的信任与合作至关重要，直接影响了政府治理的效果。政府工作人员只有与公众加强联系，增强互信，才能切实了解公众的期盼与需要。由此可见，信任是社会资本的核心和基础，社会信用体系建设首先应从政府开始。然而，政府本身不守信在现实生活中已经司空见惯，成为构建社会信用体系最大的难题。一方面，社会信用建设需要凭借政府的力量；另一方面，政府在很多时候又是社会信用的最大破坏者。虽然不能绝对地认为政府的一次失信会让社会信用体系彻底崩溃，但至少可以说它会使社会信用体系遭受沉重打击（燕继荣，2015）。

重建信任不能成为抽象的口号，而是要有实实在在的行动机制，只有对非正式规约加以合理引导，有效回应不同类型关系网络的需求，才能在交往互动中获得社会公众信任。首先，需要加快转变政府职能，明晰政府权力清单、责任清单和负面清单，加大政务信息公开力度，确保行政权力法制化运作。其次，在信息公开的基础上，要充分调动公民参政议政的积极性，通过广泛的社会网络构建与公民的良好回应机制，让公民在政府治理过程中扮演重要的角色。最后，政府应秉持公共行政精神，切实尊重公民合法权益，不断提高公共行政人员的责任意识和处理公共事务的能力，使之在行使公共权力的过程中

第七章　信用政府——迈向治理能力现代化的基石

实现公共利益最大化。

总之,信用政府是现代社会政府发展的基本形态,也是行政价值的基准线。一个始终以广大人民群众利益为出发点,以民主、法治、高效、廉洁为价值基础的信用政府才是值得信任的政府、充满活力的政府、廉洁务实的政府……

附录：调查问卷

尊敬的女士/先生：

您好！

我们正在开展一项关于社会资本与政府信用关系的研究，旨在了解社会转型时期社会信任的基本状况，请您积极支持这一问卷调查。本问卷采用匿名调查的方式，所获得的数据仅供学术研究之用，内容不会涉及您的个人隐私与单位任何信息，请您充分发表自己的看法并客观地填写相关信息，我们将尊重您的观点。非常感谢您的大力支持与协助！

【填写说明】请在合适的数字上打"√"，调查问卷中所涉及的地方政府指的是您所在地的县级政府。

【背景资料】

1. 您的性别：A. 男　B. 女
2. 您的所在地：_____市_____区（县）
3. 您的学历：A. 专科　B. 大学本科　C. 研究生及以上
4. 您的政治面貌：A. 中共党员　B. 共青团员　C. 民主党派　D. 群众
5. 您的工作单位：A. 政府机关　B. 企业单位　C. 事业单位　D. 社会团体

附录：调查问卷

在仅用于学术研究并承诺保密的情况下，向您咨询以下相关信息时，您愿意提供吗？（采用7级打分，1—7依次表示从不愿意向愿意过渡）

不愿意←1　2　3　4　5　6　7→愿意

【基本信息】

1. 跟改革开放以前相比，您认为现在的干群关系____。
   A. 紧张了　　B. 无变化　　C. 改善了　　D. 不知道
2. 跟改革开放以前相比，您认为现在的人际关系____。
   A. 疏远了　　B. 无变化　　C. 密切了　　D. 不知道
3. 跟改革开放以前相比，您认为现在的公共道德秩序____。
   A. 下降了　　B. 无变化　　C. 提高了　　D. 不知道
4. 跟改革开放以前相比，您认为现在的政府官员腐败程度____。
   A. 下降了　　B. 无变化　　C. 提高了　　D. 不知道
5. 跟改革开放以前相比，您认为现在的人们之间的信任程度____。
   A. 下降了　　B. 无变化　　C. 提高了　　D. 不知道

下列表述是对地方政府信用和社会资本要素的事实描述，请根据您所在工作单位对地方政府信用的认识和个人实际体会，对下列表述作出1—7级的判断。1——非常不满意（非常不同意）；2——不满意（不同意）；3——比较不满意（比较不同意）；4——不确定；5——比较满意（比较同意）；6——满意（同意）；7——非常满意（非常同意）。

【地方政府信用】

程度判断	1（非常不满意）→ 7（非常满意）						
1. 您对当地社会贫富差距程度	1	2	3	4	5	6	7

续表

程度判断	1（非常不满意）→ 7（非常满意）						
2. 您对当地社会治安的安全感	1	2	3	4	5	6	7
3. 您对当地政府财政支出实际绩效	1	2	3	4	5	6	7
4. 您对当地政府地方债务负担风险	1	2	3	4	5	6	7
5. 您对当地政府经济合同的履约率	1	2	3	4	5	6	7
事实陈述	1（非常不同意）→ 7（非常同意）						
6. 我认为当地政府浪费了许多金钱	1	2	3	4	5	6	7
7. 我认为政府是为少数大的利益集团工作的	1	2	3	4	5	6	7
8. 我无法信任政府大部分时间做正确的事	1	2	3	4	5	6	7
9. 像我这样的人对政府的所作所为没有发言权	1	2	3	4	5	6	7
10. 我认为政府官员并不在乎老百姓想什么	1	2	3	4	5	6	7

【社会资本】

事实陈述	1（非常不同意）→ 7（非常同意）						
1. 我与家庭亲戚经常保持高度信任	1	2	3	4	5	6	7
2. 我与朋友同学经常保持高度信任	1	2	3	4	5	6	7
3. 我与领导经常保持高度信任	1	2	3	4	5	6	7
4. 我与同事经常保持高度信任	1	2	3	4	5	6	7
5. 我认为企业对地方政府信任较高	1	2	3	4	5	6	7
6. 我认为社团对地方政府信任较高	1	2	3	4	5	6	7
7. 我认为高校对地方政府信任较高	1	2	3	4	5	6	7
8. 我认为工作生活中帮助最大的是家庭亲戚	1	2	3	4	5	6	7
9. 我认为工作生活中帮助最大的是朋友同学	1	2	3	4	5	6	7
10. 我在日常工作中经常与政府部门打交道	1	2	3	4	5	6	7
11. 我在日常工作中经常与企业单位打交道	1	2	3	4	5	6	7
12. 我在日常工作中经常与民间社团打交道	1	2	3	4	5	6	7
13. 我在日常工作中时刻遵循单位规章制度	1	2	3	4	5	6	7
14. 我在帮朋友办事中时刻遵循法律政策	1	2	3	4	5	6	7
15. 我认为政府在社会交往中遵循社会规则	1	2	3	4	5	6	7
16. 我在乘坐公交车时从来没有逃票行为	1	2	3	4	5	6	7

附录：调查问卷

　　如果您对本研究的结论感兴趣，请在问卷最后注明，并填写上您的电子邮箱，届时我们会将研究结果通过 E-mail 发给您。

　　电子邮箱：_____。

参考文献

[1] Alfonso J. Damico, M. Margaret Conway and Sandra Bowman Damico, "Patterns of Political Trust and Mistrust: Tree Moments in the Lives of Democratic Citizens", *Polity*, Vol. 32, No. 3, 2000.

[2] Almond G. A. and Verba, *The Civic Culture: Political Attitudes and Democracy in five Nations*, New Jersey: Princeton University Press, 1963.

[3] Adler P. S. and Kwon S. W., "Social Capital: Prospects for a new Concept", *Academy of Management Review*, Vol. 27, No. 1, 2002.

[4] Andrew Tucker, "The Role of Reflexive Trust in Modernizing Public Administrations", *Public Performance & Management Review*, Vol. 28, No. 1, 2004.

[5] Arrow K., *The Limits of Organization*, New York: Norton, 1974.

[6] Barber B., *The Logic and Limits of Trust*, New Brunswick, NJ: Rutgers University Press, 1983.

[7] Boix Carles and Daniel Posner, "Social Capital: Explaining Its Origins and Effects on Government Performance", *British Journal of Political Science*, Vol. 28, 1998.

[8] Bour-dieu P., *Handbook of Theory and Research for the Sociology of Education*, Westport, CT: Greenwood Press, 1986.

[9] Brehm John and Wendy M. Rahn, "Individual-level Evidence for the Causes and Consequences of Social Capital", *American Journal of Politi-*

cal Science, Vol. 41, No. 10, 1997.

[10] Brunetti A., Kisunko G. and Weder B., "Credibility of Rules and Economic Growth", *World Bank Economic Review*, Vol. 12, No. 3, 1998.

[11] Campbell K. E. and B. A. Lee, "Name Generators in Surveys of Personal Neighbor Networks ", *Social Networks*, Vol. 13, 1991.

[12] Caroline J. Tolbert and Karen Mossberger, "The Effects of E-government on Trust and Confidence in Government", *Public Administration Review*, 2007.

[13] Chanley, Virginia A., Thomas Rudolph and Wendy M. Rahn, "The Origin and Consequences of Public Trust in Government: A Time Series Analysis", *Public Opinion Quarterly*, Vol. 64, 2000.

[14] Charles Tilly, "Trust and Rule", *Theory and Society*, Vol. 33, No. 1, 2004.

[15] Christine A. Kelleher and Jennifer Wolak, "Explaining Public Confidence in the Branches of State Government", *Political Research Quarterly*, Vol. 60, No. 4, 2007.

[16] Christopher A. Cooper, H. Gibbs Knotts and Kathleen M. Brennan, "The Important of Trust in Government for Public Administration: the Case of Zoning ", *Public Administration Review*, 2008.

[17] Churchill G., "A Paradigm for Developing Better Measures of Marketing Constructs", *Journal of Marketing Research*, Vol. 16, No. 1, 1979.

[18] Citrin and Jack, "Comment: the Political Relevance of Trust in Government", *American Political Science Review*, Vol. 68, 1974.

[19] Citrin and Jack and Green, "Presidential Leadership and the Resurgence of Trust in Government", *British Journal of Political Science*, Vol. 16, 1986.

[20] Coffe' H. and Geys B., "Institutional Performance and Social Capital: An Application to the Local Government Level", *Journal of Urban*

Affairs, Vol. 27, No. 5, 2005.

[21] Coleman J. S. , "Social Capital in the Creation of Human Capital", *American Journal of Sociology*, Vol. 94, No. 4, 1988.

[22] D. Kaufmann, A. Kraay and M. Mastruzzi, "Governance Matters V: Governance Indicators for 1996 – 2005", http://www.worldbank.org/wbi/governance/govdata 2005/2008 – 05 – 17.

[23] Dunn S. C. , Seaker R. F. and Waller M. A. , "Latent Variables in Business Logistics Research: Scale Development and Validation", *Journal of Business Logistics*, Vol. 15, No. 2, 1994.

[24] Enamul Choudhury, "Trust in Administration: An Integrative Approach to Optimal Trust", *Administration & Society*, Vol. 40, No. 6, 2008.

[25] Evans P. , "Government Action, Social Capital and Development: Reviewing the Evidence of Synergy", *World Development*, Vol. 24, 1996.

[26] Freitag M. , "Bowling the State Back in: Political Institutions and the Creation of Social Capital", *European Journal of Political Research*, Vol. 45, No. 1, 2006.

[27] Fukuyama and Francis, *Trust: The Social Virtues and the Creation of Prosperity*, New York: Free Press, 1996.

[28] Gerbing D. W. and Anderson J. C. , "An Updated Paradigm for Scale Development Incorporating Unidimensionality and its Assessment", *Journal of Marketing Research*, Vol. 25, No. 2, 1988.

[29] Goodsell, "A New Vision for Public Administration", *Public Administration Review*, Vol. 66, No. 4, 2006.

[30] Grootaert C. , "Household Welfare and Poverty in Indonesia", *Policy Research Working Paper*, the World Bank Social Development Department, 1998.

[31] Hetherington and Marc J. , "The Political Relevance of Trust", *American Political Science Review*, Vol. 92, 1998.

[32] Huemer L., "Activating Trust: The Redefinition of Roles and Relationships in an International Construction Project", *International Marketing Review*, Vol. 21, No. 2, 2004.

[33] Inglehart R., *Culture Shift in Advanced Industrial Society*, Harvard University Press, 1990.

[34] Jarl K. Kampen, "On the Consistency of Citizen and Municipal Level Indicators of Social Capital and Local Government Performance", *Soc Indic Res*, Vol. 97, No. 2, 2010.

[35] Joseph S. Nye and Jr, "In Government We Don't Trust", *Foreign Policy*, Vol. 108, 1997.

[36] Knack S. and Keefer P., "Institutions and Economic Performance: Cross-Country Tests Using Alternative Institutional Measure", *Economics and Politics*, Vol. 7, 1995.

[37] Kramer and Gerald H., "The Ecological Fallacy Revisited: Aggregate-versus Individual-Level Findings on Economics and Elections and Sociotropic Voting", *American Political Science Review*, Vol. 77, 1983.

[38] Krishna A. and Shrader E., "Social Capital Assessment Tool", *Conference Paper for Conference on Social Capital and Poverty Reduction*, The World Bank, June 1999.

[39] Lane Robertt E., *Political Life*, Glencoe: Free Press, 1969.

[40] Lian Jiang Li, "Trust in Rural China", *Modern China*, Vol. 30, No. 2, 2004.

[41] Loury Glenn C., "A Dynamic Theory of Racial Income Differences", *In Women, Minorities, and Employment Discrimination*, Phvllis Wallace and Annette M. La Mond. eds. Lexington, MA: Heath, 1977.

[42] Lucke Keele, "Social Capital and the Dynamics of Trust in Government", *American Journal of Political Science*, Vol. 51, No. 2, 2007.

[43] Mayer R. C., Davis J. H. and Schoorman F. D., "An Integrative Model of Organizational Trust", *Academy of Management Review*,

Vol. 20, 1995.

[44] Michael Woolcock, "Social Capital and Economic Development: Toward a Theoretical Synthesis and Policy Framework", *Theory and Society*, Vol. 27, No. 2, 1998.

[45] Miller and Arthur H., "Political Issue and Trust in Government, 1964 – 1970", *American Political Science Review*, Vol. 68, No. 3, 1974.

[46] Nahapiet J. and Ghoshal S., "Social Capital, Intellectual Capital and the Organizational Advantage", *Academy of Management Review*, Vol. 23, No. 2, 1998.

[47] Nan Lin, *Social Capital: A Theory of Social Structure and Action*, New York: Cambridge Press, 2002.

[48] Nan Lin and Dumin M., "Access to Occupations through Social Ties", *Social Networks*, Vol. 8, 1991.

[49] Newton Kenneth, *Social Capital and European Democracy*, Rutledge, 1999.

[50] N. Luhmann, *Trust and Power*, Chichester: John Wiley and Sons, 1979.

[51] Offe C., "How can we trust our fellow citizens?", *In Warren M. Democracy and Trust*, New York: Cambridge University Press, 1999.

[52] Pharr J. S., Putnam D. R. and Dakton A., "A Quarter-Century of Declining Confidence", *Journal of Democracy*, Vol. 11, No. 2, 2003.

[53] Pierre J., "The Marketization of the Station", *Governance in a Changing Environment*, ed. D. J. Savoie and B. G. Peters. Montreal: Mcgill/Queens University Press, 1995.

[54] Portes Alejandro, "Economic Sociology and the Sociology of Immigration: A Conceptual Overview", *The Economic Sociology of Immigration: Essays on Networks, Ethnicity, and Entrepreneurship*, New York: Russell Sage Foundation, 1995.

[55] Potapchuck W., Crocker J., Scheeter W. and Boogaard D.,

Building Community: *Exploring the Role of Social Capital and Local Government*, Washington D. C., Program for Community Problem Solving, 1997.

[56] Prashant Kale and Harbir Singh and Howard Perlmutter, "Learning and Protection of Proprietary Assets in Strategic Alliances: Building Relational Capital", *Strategic Management Journal*, Vol. 21, No. 2, 2000.

[57] Putnam and Robert D., *Making Democracy Work: Civil Traditions in Modern Italy Princeton*, Italy: Princeton University Press, 1993.

[58] Rhys Andrews, "Organizational Social Capital, Structure and Performance", *Human Relations*, Vol. 63, No. 5, 2010.

[59] Ronald Burt, *Structural Holes*, Cambridge: Harvard University press, 1992.

[60] Rose R., *Getting Things Done in an Antipodean Society: Social Capital Networks in Russia*, In Dasgupta & Serageeldin, 1999.

[61] Routledge B. R. and Joachim von Amsberg, "Social Capital and Growth", *Journal of Monetary Economics*, Vol. 50, 2003.

[62] Skocpol T., "Unraveling from Above", *The American Prospect*, Vol. 25, 1996.

[63] Stolle D., "*Communities of Trust: Social Capital and Public Action in Comparative Perspective*", Doctoral Dissertation, Princeton University, 2000.

[64] Tocqueville and Alexis de, *Democracy in America*, New York: Vintage Books, 1990.

[65] Tullio Jappelli and Marco Pagano, *The Value of Government Credit*, Harvard University, 1993.

[66] Uphoff Norman T., *Learning from Gal Oya: Possibilities for Participatory Development and Post-Newtonian Social Science*, London: Intermediate Technology Publications, 1996.

[67] Virginia A. Chanley, Thomas J. Rudolph and Wendy M. Rahn,

"The Origins and Consequences of Public Trust in Government: A Time Series Analysis", *The Public Opinion Quarterly*, Vol. 64, No. 3, 2000.

[68] Wendy M. Rahn and John E. Transue, "Social Trust and Value Change: The Decline of Social Capital in American Youth, 1976 – 1995", *Political Psychology*, Vol. 19, No. 3, 1998.

[69] Westlund H., "Implications of Social Capital for Business, in the Knowledge Economy: Theoretical Considerations", *International Forum on Economic Implication of Social Capital*, 2003.

[70] Willamson O. E., *the Economic Institutions of Capitalism*, New York: Free Press, 1985.

[71] Zucker L. G., "Production of Trust: Institutional Sources of Economic Structure, 1840 – 1920", B. M. Straw & L. Cummings (eds.), *Research in Organizational Behavior*, Greenwich, CT: JAI Press, 1986.

[72] Zukin, Sharon and Paul DiMaggio, *The Structures of Capital: The Social Organization of the Economy*, New York: Cambridge University Press, 1990.

[73] [英] 安东尼·吉登斯：《现代性与自我认同》，赵旭东等译，生活·读书·新知三联书店1998年版。

[74] [英] 安东尼·吉登斯：《现代性的后果》，刘东等译，译林出版社2000年版。

[75] [英] 弗里德利希·冯·哈耶克：《自由与秩序原理（上册）》，邓正来译，生活·读书·新知三联书店1997年版。

[76] [英] 约翰·洛克：《政府论（下篇）》，叶启芳、瞿菊农译，商务印书馆2003年版。

[77] [英] 约翰·密尔：《论自由》，程崇华译，商务印书馆1986年版。

[78] [美] 戴维·H.罗森布鲁姆、罗伯特·S.克拉夫丘克：《公共行政学：管理、政治和法律的途径》，张成福等译，中国人民大学出版社2002年版。

[79] [美] 福山：《信任：社会道德与繁荣的创造》，彭志华译，海

南出版社 2001 年版。

[80] [美] 克劳斯·奥弗:《我们怎样才能信任我们的同胞?》,华夏出版社 2004 年版。

[81] [美] 马克·E. 沃伦:《民主与信任》,吴辉译,华夏出版社 2004 年版。

[82] [美] 文森特·奥斯特罗姆:《美国公共行政的思想危机》,毛寿龙译,生活·读书·新知三联书店 1999 年版。

[83] [美] 英格尔斯:《人的现代化——心理、思想、态度、行为》,殷陆君编译,四川人民出版社 1985 年版。

[84] [法] 让·雅克·卢梭:《社会契约论》,何兆武译,商务印书馆 2003 年版。

[85] [德] 柯武刚、史漫飞:《制度经济学:社会秩序与公共政策》,韩朝华译,商务印书馆 2001 年版。

[86] [波] 彼得·斯托姆普卡:《信任:一种社会学理论》,程胜利译,中华书局 2005 年版。

[87] [瑞] 博·罗斯坦:《政府质量:执政能力与腐败、社会信任和不平等》,蒋小虎译,新华出版社 2012 年版。

[88] [比] 普里戈金、[法] 斯唐热:《从混沌到有序》,曾庆宏、沈小峰译,上海译文出版社 1987 年版。

[89] 安贺新:《关于我国政府信用问题的思考》,《中央财经大学学报》2005 年第 3 期。

[90] 安妮·博格:《通过规制实践建立责任与信任》,《国家行政学院学报》2000 年第 5 期。

[91] 边燕杰、丘海雄:《企业的社会资本及其功效》,《中国社会科学》2000 年第 2 期。

[92] 边燕杰:《城市居民社会资本的来源及作用:网络观点与调查发现》,《中国社会科学》2004 年第 3 期。

[93] 蔡晶晶、李德:《当代西方政府信任危机透析》,《公共管理学报》2006 年第 4 期。

[94] 陈柳钦:《社会资本及其主要理论研究观点综述》,《东方论

坛》2007年第3期。

[95] 陈朋：《基于社会资本的地方治理何以可能》，《理论探讨》2015年第5期。

[96] 陈述飞：《社会资本视野下的政府治理问题考量》，《理论导刊》2014年第8期。

[97] 陈伟：《"标准—普尔"政府信用等级评价体系简析》，《国际金融研究》2003年第1期。

[98] 陈晓红、吴小瑾：《中小企业社会资本的构成及其与信用水平关系的实证研究》，《管理世界》2007年第1期。

[99] 程宏伟：《地方政府信用评价指标体系构建研究》，硕士学位论文，浙江大学，2005年。

[100] 程倩：《论政府信任关系的历史类型》，光明日报出版社2009年版。

[101] 戴长征：《腐败与反腐败：变革之中的中国面临的严峻挑战》，《中国行政管理》2004年第9期。

[102] 邓研华：《国家治理中的社会资本》，《中共济南市委党校学报》2014年第6期。

[103] 迪戈·甘姆贝塔：《我们能信任信任吗？》，《国外社会学》2000年第3期。

[104] 董建新：《政府是否是"经济人"？》，《中国行政管理》2004年第3期。

[105] 范柏乃、龙海波：《基于政府能力视角地方政府应急管理研究》，《理论与改革》2009年第4期。

[106] 范柏乃、龙海波：《我国地方政府失信形成机理与惩罚机制研究》，《浙江大学学报》2010年第3期。

[107] 范柏乃、蓝志勇：《公共管理研究与定量分析方法》，科学出版社2008年版。

[108] 范柏乃、金明路、程宏伟：《我国地方政府信用水平的实证调查》，《行政与法》2005年第1期。

[109] 范柏乃、张鸣：《政府信用的影响因素与管理机制研究》，《浙

江大学学报》2009 年第 2 期。

[110] 方然：《公共治理改革与政府信用建设研究》，《中国行政管理》2012 年第 7 期。

[111] 费孝通：《乡土中国》，上海人民出版社 2007 年版。

[112] 冯木林：《我国地方政府信用的建设现状与影响因素的实证研究》，硕士学位论文，浙江大学，2008 年。

[113] 顾新、郭耀煌、李久平：《社会资本及其在知识链中的作用》，《科研管理》2003 年第 5 期。

[114] 郭荣贵：《中国社会资本变迁过程中的政府规制改革研究》，博士学位论文，华东师范大学，2005 年。

[115] 过勇：《经济转轨、制度与腐败》，社会科学文献出版社 2001 年版。

[116] 过勇、胡鞍钢：《行政垄断、寻租与腐败——转型经济的腐败机理分析》，《经济社会体制比较》2003 年第 2 期。

[117] 何建华：《市场秩序：从人伦信用到契约信用》，浙江大学出版社 2008 年版。

[118] 何霜梅：《社群主义、服务型政府与善治》，《中央社会主义学院学报》2010 年第 2 期。

[119] 何水：《协同治理及其在中国的实现——基于社会资本理论的分析》，《西南大学学报》2008 年第 5 期。

[120] 何显明：《信用政府的逻辑》，学林出版社 2007 年版。

[121] 何增科：《理解国家治理及其现代化》，《马克思主义与现实》2014 年第 1 期。

[122] 何增科、陈雪莲：《政府治理》，中央编译出版社 2015 年版。

[123] "湖南政府信用建设研究"课题组：《政府信用现状调查与对策分析》，《社会主义研究》2004 年第 5 期。

[124] 胡荣：《社会资本与地方治理》，社会科学文献出版社 2009 年版。

[125] 黄广明：《首次市长支持率调查"惊世骇俗"》，《南方周末》2002 年 8 月 22 日。

[126] 黄建：《社会资本培育与国家治理体系和治理能力现代化》，《理论视野》2014 年第 8 期。

[127] 黄文平：《信用经济与政府责任》，《学术月刊》2002 年第 4 期。

[128] 景维民、张慧君、黄秋菊等：《经济转型深化中的国家治理模式重构》，经济管理出版社 2013 年版。

[129] 句华：《信用经济与政府信用的保障机制》，《社会科学辑刊》2003 年第 1 期。

[130] 李长江：《市场经济条件下政府信用研究的重要性及政府信用模型构建》，《东南大学学报》2003 年第 4 期。

[131] 李诚：《我国转型期社会风险及其治理的理论思考——基于风险社会理论的分析》，《学术界》2011 年第 3 期。

[132] 李怀祖：《管理研究方法论》，西安交通大学出版社 2004 年版。

[133] 李惠斌、杨雪冬：《社会资本与社会发展》，社会科学文献出版社 2000 年版。

[134] 李六：《社会资本：形成机制与作用机制研究》，博士学位论文，复旦大学，2010 年。

[135] 李新春：《信任、忠诚与家族主义困境》，《管理世界》2002 年第 6 期。

[136] 李晓玉：《政府信用研究综述》，《学习月刊》2006 年第 24 期。

[137] 李杨、王良健、欧朝敏：《评价地方政府信用的方法研究》，《生产力研究》2007 年第 7 期。

[138] 林聚任等：《社会信任和社会资本重建——当前乡村社会关系研究》，山东人民出版社 2007 年版。

[139] 刘建伟：《国家治理能力现代化研究述评》，《上海行政学院学报》2015 年第 1 期。

[140] 刘智勇：《论加强政府信用建设的必要性及其实现途径》，《西南民族大学学报》2005 年第 1 期。

[141] 龙海波:《新时期我国高校信用失范成因与形成机理探析》,《中国高教研究》2009年第6期。

[142] 龙海波:《官僚体制的基本要素解构:评〈经济与社会〉中"官僚体制统治"》,《中共杭州市委党校学报》2010年第6期。

[143] 卢燕平:《社会资本与我国经济和谐发展》,《统计研究》2007年第10期。

[144] 马长山:《法制进程中的"民间治理"》,法律出版社2006年版。

[145] 马得勇、王正绪:《社会资本、民主发展与政府治理——对69个国家的比较研究》,《开放时代》2009年第5期。

[146] 马克思:《资本论》(第3卷),人民出版社1975年版。

[147] 马克思、恩格斯:《马克思恩格斯全集》(第46卷上),人民出版社1979年版。

[148] 毛寿龙:《政府向人大报告举债是好的开始》,http://post.csonline.com.cn/pinglin/ shizhengpinglun /t20040301_ 130945.htm,2009-03-14。

[149] 倪星:《公共权力委托-代理视角下的官员腐败研究》,《中山大学学报》2009年第6期。

[150] 黎珍:《正义与和谐——政治哲学视野中的社会资本》,人民出版社2008年版。

[151] 潘松挺:《网络关系强度与技术创新模式的耦合及其协同演化》,博士学位论文,浙江大学,2009年。

[152] 荣敬本等:《从压力型体制向民主合作体制的转变》,中央编译出版社1998年版。

[153] 阮德信:《区域信用制度研究》,江西人民出版社2008年版。

[154] 沈海军:《WTO规则下发展中国家政府信用重建的比较研究》,《江汉论坛》2003年第9期。

[155] 沈荣华:《中国地方政府学》,社会科学文献出版社2006年版。

[156] 沈圆:《我国地方政府信用的影响因素及其提升路径研究》,

硕士学位论文，浙江大学，2011年。

[157] 申振东：《和谐社会构建中的行政发展价值选择》，《贵州社会科学》2007年第8期。

[158] 隋广军、盖翊中：《城市社区社会资本及其测量》，《学术研究》2002年第7期。

[159] 石本惠：《现代政府信用建设研究》，《社会科学研究》2004年第3期。

[160] 时和兴：《管本主义下的政治生态：社会资本视角的解读》，《探索与争鸣》2015年第11期。

[161] 孙亚忠：《政府规制、寻租与政府信用的缺失》，《理论探讨》2007年第1期。

[162] 孙智英：《加强政府信用建设的若干问题》，《东南学术》2003年第2期。

[163] 《小康》杂志研究中心：《及格线上的中国信用》，http：//news.sohu.com/s2007/ zhongguoxinyong。

[164] 汤梅、卜凡：《论现代国家治理体系中的政府权力配置与运作》，《探索》2014年第1期。

[165] 王存河：《政府信用的内涵及制度保障》，《法学评论》2004年第5期。

[166] 王和平：《论政府信用建设》，《政治学研究》2003年第1期。

[167] 王革、陈文玲：《简析政府信用理论的结构》，《天津社会科学》2007年第5期。

[168] 王国华、骆毅：《论"互联网+"下的社会治理转型》，《学术前沿》2015年第5期（下）。

[169] 王积超：《社会资本及其测量的理论研究》，《西北民族大学学报》2004年第2期。

[170] 王强：《治理与社会资本问题研究》，《内蒙古民族大学学报》2007年第2期。

[171] 王秀华、张继文、刘艳梅：《政府信用评价方法初探》，《国家行政学院学报》2004年第6期。

［172］王一鸣、陈昌盛等：《重构新平衡——宏观经济形势展望与供给侧结构性改革》，中国发展出版社 2016 年版。

［173］韦子平：《刍议公务员职务消费失范及其治理》，《甘肃行政学院学报》2007 年第 2 期。

［174］魏加宁、王莹莹等：《改革方法论与推进方式研究》，中国发展出版社 2015 年版。

［175］温淑春：《当前我国社会情绪的现状、成因及疏导对策》，《理论与现代化》2013 年第 3 期。

［176］温伟祥：《网络视角下集群企业创业导向及其与绩效的关系研究》，博士学位论文，浙江大学，2008 年。

［177］吴爱明、沈荣华、王立平等：《服务型政府职能体系》，人民出版社 2009 年版。

［178］吴晶妹：《现代信用学》，中国人民大学出版社 2009 年版。

［179］吴明隆：《SPSS 统计应用实务——问卷分析与应用统计》，科学出版社 2003 年版。

［180］向平：《服务型政府建设中的地方政府诚信缺失及原因分析》，《社会主义研究》2007 年第 6 期。

［181］萧鸣政、郭晟豪：《国家治理现代化的能力结构与建设》，《前线》2014 年第 4 期。

［182］徐淑芳：《诚信与社会资本》，《江西社会科学》2006 年第 12 期。

［183］徐勇、吕楠：《热话题与冷思考——关于国家治理体系和治理能力现代化的对话》，《当代世界与社会主义》2014 年第 1 期。

［184］宣晓伟：《迈向高收入：分工、分化与中国的现代化转型》，中国发展出版社 2016 年版。

［185］燕继荣：《社会资本与国家治理》，北京大学出版社 2015 年版。

［186］杨璐、李家军：《基于 ISM 模型的地方政府信用风险因素分析》，《统计与决策》2008 年第 22 期。

［187］杨秋菊：《政府诚信建设研究——基于政府与社会互动的视

角》，上海财经大学出版社 2009 年版。

[188] 杨瑞龙、朱春燕：《网络与社会资本的经济学分析框架》，《学习与探索》2002 年第 1 期。

[189] 杨雪冬：《社会资本：对一种新解释范式的探索》，《社会资本与社会发展》，社会科学文献出版社 2000 年版。

[190] 杨妍、王振亚：《政治文明的生态寓意》，《山东大学学报》2010 年第 1 期。

[191] 杨永福：《"规则"的分析与建构：制度的社会网络基础》，博士学位论文，武汉理工大学，2002 年。

[192] 姚明龙：《信用成长环境研究》，浙江大学出版社 2005 年版。

[193] 叶小文、张峰：《从现代国家治理的高度认识协商民主》，《中央社会主义学院学报》2014 年第 1 期。

[194] 殷盈：《社会资本视域中腐败网络生成的过程与后果》，《南京师大学报》（社会科学版）2015 年第 6 期。

[195] 俞可平：《治理与善治》，社会科学文献出版社 2000 年版。

[196] 张成福、孟庆存：《重建政府与公民的信任关系——西方国家的经验》，《国家行政学院学报》2003 年第 3 期。

[197] 张超、张旭升、吴元清：《政府信用的社会学本质与政府信用重建：新制度主义视角》，《理论月刊》2008 年第 7 期。

[198] 张康之：《论政府诚信以及政府的社会信用建设功能》，《理论与改革》2004 年第 5 期。

[199] 张克中：《社会资本：中国经济转型与发展的新视角》，人民出版社 2010 年版。

[200] 张磊：《"八涉"：网络舆情事件的风险源》，《学习时报》2013 年 5 月 2 日。

[201] 张明新、刘伟：《互联网的政治性使用与我国公众的政治信任——一项经验性研究》，《公共管理学报》2014 年第 1 期。

[202] 张其仔：《社会资本论——社会资本与经济增长》，社会科学文献出版社 1997 年版。

[203] 张维迎：《产权、政府与信誉》，生活·读书·新知三联书店

2001年版。

[204] 张维迎：《信任及其解释：来自中国的跨省调查分析》，《经济研究》2002年第10期。

[205] 张贤明、田玉麟：《论推进国家治理能力现代化的四个维度》，《行政论坛》2014年第5期。

[206] 张旭：《社会资本视角下的政府治理》，《江汉学术》2014年第5期。

[207] 张暄：《我国地方政府公信力的提升研究》，硕士学位论文，南京航空航天大学，2009年。

[208] 章延杰：《政府信用论》，上海人民出版社2007年版。

[209] 曾玮：《反腐背景下的政府信用重塑》，《浙江经济》2015年第20期。

[210] 郑也夫：《信任论》，中国广播电视出版社2001年版。

[211] 周伟贤：《转轨时期的地方政府信用问题分析》，经济管理出版社2010年版。

[212] 周小虎：《企业家社会资本及其对企业绩效的作用》，《安徽师范大学学报》2002年第1期。

[213] 朱学勤：《书斋里的革命》，长春出版社1999年版。

[214] 竹立家：《着力推进国家治理现代化》，《中国党政干部论坛》2013年第12期。

[215] 卓成刚、乔姣：《社会资本的构建与地方政府的作用》，《中国行政管理》2008年第5期。

[216] 周红云：《社会治理》，中央编译出版社2015年版。

[217] 周天楠：《推进政府治理能力现代化的关键》，《学习时报》2013年12月30日。

[218] 邹宜斌：《社会资本：理论与实证研究文献综述》，《经济评论》2005年第6期。

[219] 左昊华、林泉：《寻租与腐败的运行路径与长期均衡预测——基于演化博弈的分析》，《生产力研究》2009年第24期。

后　记

　　将博士论文整理出书是我一直以来的心愿。多年的求学生涯，理论水平虽有提高，但习之愈深，愈发觉得实践不足、体验不深、认识不够，加之后来的秘书工作一直忙碌，没想到一拖就是四年。幸运的是，这四年的工作经历恰恰帮我弥补了一些不足。在国务院发展研究中心工作期间，我有幸随同中心领导多次到地方调研，行走足迹几乎遍及全国所有省份，与多位基层政府官员交流座谈，获取了大量的一手资料。在开展宏观形势分析、区域经济发展调研及第三方评估的过程中，我对地方政府信用与治理能力的这一课题的认识不断深化，这不仅局限于文献的字里行间，更是源自实际工作的真实感受。

　　构建一个充满民主、活力、信任的信用政府，不仅是凝聚政治信任、扩大社会交往、强化制度规约的现实需要，也是完善社会信用体系的关键举措，更是推进国家治理体系和治理能力现代化的重要内容。如何进一步阐释政府信用的治理意义，更好发挥社会资本在治理能力现代化中的作用，是我一直关注的问题。可以说，当年的研究选题至今仍具有较强的现实意义。特别是在我国经济发展进入新常态的背景下，政府信用赋予了新的内涵，同时也面临许多新的考验。因此，有必要对已有研究作进一步完善，使其具有鲜明的时代特征。

　　随着工作阅历不断丰富，我更加深刻地认识到，博士学位只能证明你接受过严格规范的学术训练，并不代表你已具备较好的科研素养，对我而言更是如此。重读当年的博士论文，无论是思想深度、观点提炼还是文字表述，都有许多需要改进的地方。为了保持行文的延

后 记

续性，本书没有对博士论文已有章节进行大的调整，仅是对相关表述作了修改，在原有结语部分新增了两节，将章节题目修改为"信用政府——迈向治理能力现代化的基石"。

如今，本书即将付梓出版。回顾整个点滴过程，始终不忘初心、充满感激。首先要感谢我的导师范柏乃教授及师母江蕾女士。范老师在政府信用和政府绩效方面的学术造诣，使我在论文的选题构思、研究方法的选取与运用等方面受益匪浅。近四年博士研究生生活，不仅使我的学术能力得到历练，也使我真切感受到范门大家庭的温暖。每次学术例会上激烈的话语交锋、新颖的观点碰撞，都给我留下了深刻印象。毕业之后，我也时常关注团队例会的研究进展，从中不断获取精神给养。我要感谢姚刚同志对我实证数据获取的鼎力支持。博士论文调查问卷的发放、收集是在他担任共青团云南省委组织部长期间完成的。这份数据基本覆盖了云南省129个县级地方政府，获取有效问卷886份，能够在这样一个全样本数据下分析并获得真实的研究结果极为不易，在此谨向姚刚同志的无私帮助表达诚挚谢意。此外，还要感谢为本书最终出版付出辛勤努力的中国社会科学出版社诸位同仁。

本书算是我二十余载校园学习生涯的成果，虽不尽完美，却无可取代。从巴蜀大地到金陵古城，从黔灵山下到西子湖畔，我经历了由懵懂到成熟的转变。尤其是在求是校园的四年，更是我人生的重要转折点。在这里，我还要特别感谢姚先国老师，毕业至今，我时刻不忘您对我的大力提携之恩与帮助之情。我清楚记得在报考浙大之时，是您专程设宴为我推荐了范老师，使我有幸成为范老师的首位博士研究生。我不会忘记那片养育我的土地，更不会忘记家人的嘱托与期盼，是他们一直在背后支持着我、关注着我的成长与进步。感谢我的父母，你们给予我生命，给予我默默关心与支持，为此倾注了大量心血。感谢我的外公、外婆，近30年来含辛茹苦抚养我长大。感谢姨姨、姨夫、舅舅、舅妈，你们为我创造了更加良好的学习环境。我还要感谢我的妻子，从杭州到北京，感谢有你一路相伴，在工作和生活中都给予我极大的支持。特别值得欣慰的是，今年我们又喜获爱情的结晶，即将迎来宝宝的降临。

信用政府的研究纷繁复杂，本研究仅是在已有成果基础上进行了视角突破，从社会资本与政府信用关系的视角对信用政府进行新的解读与勾勒，以政治学和管理学为交叉，实现逻辑演绎与实证分析的结合。但是，限于资料收集和作者能力有限，本研究还存在着一些局限性和不足之处，我将在以后的研究中不断改进，在此也恳请各位读者批评指正！

龙海波

2016 年 8 月于北京枫竹苑